ARTS
and
LETTERS

ARTS and LETTERS

Basic German Readings

Robert E. Helbling
University of Utah

Wolf Gewehr
Pädagogische Hochschule Münster

Wolff A. von Schmidt
University of Utah

Holt, Rinehart and Winston
New York San Francisco Toronto London

Permissions and Acknowledgments

Permission to reprint and include the following copyrighted works is gratefully acknowledged.

Luchterhand Verlag for Helga Novak, ,, Schlittenfahren'' from *Geselliges Beisammensein*, 1968; Ernst Jandl, ,,the flag'' and ,,die sonne scheint'' from *Der künstliche Baum*, 1970; and Peter Bichsel, ,,Der Erfinder'' from *Kindergeschichten*, 1969.

Sanford J. Greenburger Associates, Inc. for excerpts from Wolfgang Borchert, ,,Lesebuchgeschichten.'' Reprinted with the permission of Rowohlt Verlag GmbH. From *Das Gesamtwerk* by Wolfgang Borchert, Copyright Rowohlt Verlag GmbH., Hamburg, 1949.

Carl Hanser Verlag, München, for Wolf Wondratschek, ,, Aspirin'' from Wolf Wondratschek, *Früher begann der Tag mit einer Schußwunde*, Vol. 15 of the ,,Reihe Hanser.'' © 1971, eighth edition, Carl Hanser Verlag, München.

Atrium Verlag for Erich Kästner, ,,Wieso, warum?'' from Erich Kästner, *Herz auf Taille*, Atrium Verlag, Zürich.

Piper Verlag for Ingeborg Bachmann, ,, Reklame'' from Ingeborg Bachmann, *Anrufung des großen Bären* © 1956.

Verlag Eremiten-Presse for Christa Reinig, ,,Orion'' from *Orion trat aus dem Haus, Neue Sternbilder*. © 1968, Verlag Eremiten-Presse, Düsseldorf.

Städtische Bühnen Münster for adaptation of program note on ballet.

Der Spiegel for extract of ,, Made in Germany and USA.''

Insel Verlag for ,,Dialektik'' from *Geschichten vom Herrn B.*, André Müller and Gerd Semmer, eds.

Verlag Klaus Wagenbach for Wolf Biermann, ,,Herr Brecht'' and Wolfgang Bauer, ,,Der Tod des H. C. Artmann.''

Suhrkamp Verlag for extract from Hermann Hesse, ,,Tessiner Herbsttag.''

Cover design by William Yenne; illustration credits appear on page 84.

Library of Congress Cataloging in Publication Data

Helbling, Robert E. comp.
Arts and letters : Basic German readings.

1. German language—Readers. 2. German literature
—20th century. I. Gewehr, Wolf, joint comp.
II. von Schmidt, Wolff A., joint comp. III. Title.
PF3117.H39 438'.6'421 74-31500
ISBN 0-03-012106-X

Foreign Language Department / 5643 Paradise Drive / Corte Madera, California 94925

Printed in the United States of America
89 008 987654

Contents

Preface

Literary readings in first-year German? No doubt the opportunity to read authentic literature in the foreign language at an early stage is an exhilarating experience for the serious student, especially if this literature expresses some of the perceptions and concerns of his own generation.

Designed for use in the second half of the first-year German course or at any time thereafter, BASIC GERMAN READINGS: ARTS AND LETTERS is a companion feature to our FIRST-YEAR GERMAN text, and we recommend its introduction into the program of instruction from Chapter 10 on. Since the selections are short, deliberately simple, and appealing to the American student, however, this book can profitably be used with any other German grammar book.

Obviously, literature cannot tolerate surgical interventions, such as abridgement or simplification, if it is to retain its artistic quality. Therefore, we have presented here literature that is deliberately simple in style, written by some contemporary young authors in the German-speaking world as an artistic means of expression, that lends itself well to our undertaking. Still, the selections suggest as much as they state, and, therefore, they are both explicit and allusive. Students easily understand what is written and, at the same time, are stimulated to find out for themselves "what it all means."

For ARTS AND LETTERS we have carefully chosen from a great number of short prose pieces and simple poems written by either well-known writers, such as Ingeborg Bachmann and Peter Bichsel, or relative newcomers, such as Ernst Jandl, who seem to satisfy best the criteria of intrinsic interest and formal simplicity. None of these have been in any way simplified or abridged. Reviews and discussions of works in the performing arts—ballet, opera, theater, and film—follow the opening selections of modern prose and poetry in order to give the student a glimpse of the cultural scene in Germany and to acquaint him, at the same time, with the style and manner of critical reviews. The two selections dealing with ballet and film are slightly simplified versions of program and newspaper critiques; the discussions of ''Der Rosenkavalier" and the ''Weiber-Komödie," a play by the East-German playwright Heiner Müller, are our own. The remaining three selections differ considerably from each other. Two reminiscences on Bertolt Brecht—one an anecdote, the other a satiric poem written by the eminent East-German lyricist and balladeer, Wolf Biermann—are followed by a brief excerpt from one of Hermann Hesse's short pieces of descriptive prose. Although Hesse's vignette offers a rich and picturesque vocabulary, its grammatical structure is within the grasp of a student at the end of his first year of German instruction. What's more, it exposes him to the German style of a writer who has made his mark on American youth in the last decade. Finally, as much for amusement as for instruction, we have added a short dialogue written by Wolfgang Bauer in Austrian dialect accompanied by our transposition into standard German. The rather satiric piece has its own literary merit, but it also illustrates graphically how much German dialects may differ from the written idiom so that the student of German will not be any more baffled when he hears Swiss or Austrian German for the first time than the student of English upon first hearing a particular British or American brogue.

The reader contains the following pedagogic apparatus:

1. short introductory statements in English to give the student some hints on the literary characteristics and thematic material of the selections.
2. marginal English translations of topical or difficult words
3. footnotes explaining idioms, stylistic peculiarities, names, and other references found in the text
4. questions divided into two groups designed to
   a. check the students' understanding of the reading assignments
   b. personalize the subject matter of the readings by relating it to the students' own experience and help them interpret certain textual episodes

The vocabulary sections are quite complete. All words glossed in the margins, and these are abundant, are included in the end vocabulary; many words that are not glossed, but which may cause problems in translation if not known, are also included in the end vocabulary. Common vocabulary—**kommen, gehen, auch, klar, das Buch, das Kind,** for example—is neither glossed nor included in the end vocabulary. Conjunctions, prepositions, modals, and many adjectives are not included.

Our other reader, BASIC GERMAN READINGS: CURRENT ISSUES, may also be used in the first-year program.

R. E. H.

W. G.

W. v. S.

ARTS
and
LETTERS

Schlittenfahren°

sleigh-riding

Helga Novak

I

In the following story by Helga Novak, born 1935 in Berlin, events are merely registered, not described, and no psychological analysis is given. Thus the reader is invited to find the implicit meaning by himself. Is it the irritation caused by the children's incessant quarrelling that is responsible for the father's insensitivity or is his callousness an innate "flaw of character," an expression of his unsuitability for parenthood? Is the younger child going to drown? The tone of factual reporting maintained throughout intensifies the tragedy looming at the end through the very absence of pathos.

Das Eigenheim° steht in einem Garten. Der Garten is groß. Durch den Garten fließt° ein Bach.° Im Garten stehen zwei Kinder. Das eine der Kinder kann noch nicht sprechen. Das andere Kind ist größer. Sie sitzen auf einem Schlitten.° Das kleinere Kind weint.° Das größere sagt, gib den Schlitten her.° Das kleinere weint. Es schreit.°

Aus dem Haus tritt° ein Mann. Er sagt, wer° brüllt,° kommt rein ° Er geht in das Haus zurück. Die Tür fällt hinter ihm zu.°

Das kleinere Kind schreit.

Der Mann erscheint° wieder in der Haustür. Er sagt, komm rein. Na wirds bald.[1] Du kommst rein.° Nix.[2] Wer brüllt, kommt rein. Komm rein.

private home
flows
creek
sled
cries
hand over / screams
steps
here: whoever / bawls / inside
closes
appears
[from *herein*]

[1] *na wirds bald,* will you finally come
[2] *nix* = nichts, no further debate, enough now

Der Mann geht hinein. Die Tür klappt.°

clatters

Das kleinere Kind hält die Schnur° des Schlittens fest.° Es schluchzt.°

rope
holds onto / sobs

Der Mann öffnet die Haustür. Er sagt, du darfst Schlitten fahren, aber nicht brüllen. Wer brüllt, kommt rein. Ja. Ja. Jaaa. Schluß jetzt.[3]

Das größere Kind sagt, Andreas will immer allein fahren.

Der Mann sagt, wer brüllt, kommt rein. Ob er nun Andreas heißt oder sonstwie.° Er macht die Tür zu.

whatever else

Das größere Kind nimmt dem kleineren den Schlitten weg. Das kleinere Kind schluchzt, quietscht,° jault,° quengelt.°

squeaks / howls / whines

Der Mann tritt aus dem Haus. Das größere Kind gibt dem kleineren den Schlitten zurück. Das kleinere Kind setzt sich auf den Schlitten. Es rodelt.°

rides the sled

Der Mann sieht in den Himmel.° Der Himmel ist blau. Die Sonne ist groß und rot. Es ist kalt.

sky

Der Mann pfeift° laut. Er geht wieder ins Haus zurück. Er macht die Tür hinter sich zu.

whistles

Das größere Kind ruft, Vati,° Vati, Vati, Andreas gibt den Schlitten nicht mehr her.

Daddy

Die Haustür geht auf. Der Mann steckt den Kopf° heraus.° Er sagt, wer brüllt, kommt rein. Die Tür geht zu.

head / sticks out

Das größere Kind ruft, Vati, Vativativati, Vaaatiii, jetzt ist Andreas in den Bach gefallen.

[3]*Schluß jetzt,* stop it now

Die Haustür öffnet sich einen Spalt breit.[4] Eine Männerstimme° ruft, wie oft soll ich das noch sagen, wer brüllt, kommt rein.

male voice

Fragen zum Inhalt

1. Wo steht das Eigenheim?
2. Was fließt durch den Garten?
3. Wie groß sind die Kinder?
4. Warum weint das Kind?
5. Was brüllt der Mann, der aus dem Haus tritt?
6. Wer ist der Mann?
7. Was macht das kleinere Kind?
8. Was sagt das größere Kind?
9. Was nimmt das größere Kind dem kleineren weg?
10. Was macht das Kind, als es den Schlitten zurückerhält?
11. Wie ist das Wetter?
12. Was macht der Mann, als er wieder ins Haus zurückgeht?
13. Wo ist Andreas hineingefallen?
14. Hört der Vater auf das Rufen seines älteren Sohnes?

Themen zur Diskussion

1. Was denken Sie über den Vater? (Ist er insensitiv oder nur irritiert?)
2. Finden Sie das Verhaten der beiden Kinder repräsentativ für alle Kinder, wenn sie zusammen spielen?
3. Was ist das Tragische oder Pathetische an dieser Geschichte? Gibt es eine wirkliche Kommunikation zwischen Vater und Kindern?

[4]*sich einen Spalt breit öffnen,* to open a crack

4. Wann geht Ihnen das Quengeln von Kindern auf die Nerven? Immer? Oft? Manchmal? Wenn Sie müde sind?
5. Sind Sie als Kind auch Schlitten gefahren? Kann man an Ihrem Heimatort Schlitten fahren oder Ski laufen?
6. Laufen Sie Ski?

Lesebuchgeschichten°

anthology of stories

Wolfgang Borchert

2

Wolfgang Borchert, born 1921 in Hamburg, who had suffered through the military campaign in Russia and imprisonment at the hands of the Nazis, died soon after the war, in 1947 in Basel, from his wounds and the consequences of the illnesses that he had contracted. In the short vignettes below he satirizes the greed, thoughtlessness, and hypocrisy of men who through their self-interested or self-absorbed actions contribute to the making of war. The almost stenographic style underscores by its terseness the horror concealed behind seemingly trivial events. The abridged style in the fourth section also suggests military jargon.

Alle Leute haben eine Nähmaschine,° ein Radio, einen Eisschrank° und ein Telefon. Was machen wir nun? fragte der Fabrikbesitzer.°

Bomben, sagte der Erfinder.°

Krieg,° sagte der General.

Wenn es denn gar nicht anders geht,[1] sagte der Fabrikbesitzer.

sewing machine
refrigerator
factory owner
inventor
war

Der Mann mit dem weißen Kittel° schrieb Zahlen° auf das Papier. Er machte ganz kleine zarte° Buchstaben° dazu.

Dann zog er den weißen Kittel aus° und pflegte° eine Stunde lang die Blumen auf der

smock
numbers
delicate / letters
took . . . off
took care of

[1]*wenn es denn gar nicht anders geht,* if there is no other way

Fensterbank.° Als er sah, daß eine Blume eingegangen° war, wurde er sehr traurig° und weinte.

window sill / had died / sad

Und auf dem Papier standen die Zahlen. Danach konnte man mit einem halben Gramm[2] in zwei Stunden tausend Menschen tot machen.

Die Sonne schien° auf die Blumen.

shone

Und auf das Papier.

Zwei Männer sprachen miteinander.°

with each other

Kostenanschlag?°

cost estimate

Mit Kacheln?°

tiles

Mit grünen Kacheln natürlich.

Vierzigtausend.°

forty thousand

Vierzigtausend? Gut. Ja, mein Lieber, hätte ich mich nicht° rechtzeitig° von Schokolade auf Schießpulver° umgestellt,° dann könnte° ich Ihnen diese vierzigtausend nicht geben.

if I hadn't / in time / gun powder / switched / could

Und ich Ihnen keinen Duschraum.°

shower

Mit grünen Kacheln.

Mit grünen Kacheln.

Die beiden Männer gingen auseinander.°

apart [separated]

Es waren ein Fabrikbesitzer und ein Bauunternehmer.°

building contractor

Es war Krieg.

Kegelbahn.° Zwei Männer sprachen miteinander.

bowling alley

Nanu,° Studienrat,° dunklen Anzug an.[3] Trauerfall?°

now, now / teacher / a death?

Keineswegs,° keineswegs. Feier° gehabt. Jungens° gehn an die Front. Kleine Rede

not at all / celebration / the boys

[2] *ein halbes Gramm,* half a gram, or 0.04 ounce

[3] *(Sie haben einen) dunklen Anzug an,* you're wearing a dark suit

gehalten.° Sparta[4] erinnert.° Clausewitz[5] zitiert.° Paar Begriffe° mitgegeben: Ehre,° Vaterland. Hölderlin[6] lesen lassen.° Langemarck gedacht.[7] Ergreifende° Feier. Ganz ergreifend. Jungens haben gesungen: Gott, der Eisen° wachsen ließ.[8] Augen leuchteten.° Ergreifend. Ganz ergreifend.

Mein Gott, Studienrat, hören Sie auf.° Das ist ja gräßlich.°

Der Studienrat starrte die anderen entsetzt° an.° Er hatte beim Erzählen lauter° kleine Kreuze° auf das Papier gemacht Lauter kleine Kreuze. Er stand auf und lachte. Nahm eine neue Kugel° und ließ sie über die Bahn° rollen. Es donnerte° leise. Dann stürzten° hinten die Kegel.° Sie sahen aus wie kleine Männer.

had a short speech / remembered / quoted / ideas / honor — had read — touching — iron — were shining — stop it — horrible — shocked / stared / many — crosses — *here:* bowling ball — *here:* alley / thundered — fell / bowling pins

Fragen zum Inhalt

1. Was haben alle Leute?
2. Was soll der Fabrikbesitzer jetzt produzieren?
3. Was schrieb der Mann mit dem weißen Kittel auf das Papier?
4. Was pflegt er eine Stunde lang?
5. Worüber ist er traurig?

[4] *Sparta,* city in ancient Greece that has always been an example of military state

[5] *Karl von Clausewitz* (1780–1831), well-known Prussian general and military historian

[6] *Friedrich Hölderlin* (1770–1843), famous poet with a passion for ancient Greece

[7] *(an) Langemarck gedacht,* (we) thought of (recalled) Langemarck; Langemarck, a village in Belgium that became, in November 1914, one of the biggest battlefields of the First World War

[8] *„Gott, der Eisen wachsen ließ“*, literally: "God who allowed iron to grow," a Nazi song

6. Was kann man mit einem ,,halben Gramm'' machen?
7. Worüber sprechen die zwei Männer?
8. Womit hat der Fabrikbesitzer soviel Geld verdient?
9. Was soll der Bauunternehmer in seinem Haus installieren?
10. Warum hat der Studienrat einen dunklen Anzug an?
11. Was hat der Studienrat bei der Feier gemacht?
12. Wie war die Feier?
13. Warum starrte der Studienrat die anderen entsetzt an?
14. Wie sahen die Kegel aus?

Themen zur Diskussion

1. Was ist der Mann mit dem weißen Kittel wohl von Beruf?
2. Was meint der Autor wohl mit dem ,,halben Gramm''?
3. Was ist das Thema dieser vier kurzen Episoden?
4. Finden Sie eine der Episoden sarkastischer als die andern? Warum?

Aspirin

Wolf Wondratschek

3

In Wolf Wondratschek's prose, syntax is reduced to utter simplicity: each sentence is a principal clause in normal word order and contains only one statement. Subordinate clauses occur only rarely. Thus, no causal or other relationships between statements are expressed. The lack of qualifying phrases is a stylistic means to encourage the reader to read between the lines. In the following story, the tensions and desires of young love are skillfully suggested in the sober factual statements, which only touch on the surface phenomena of a human relationship. The ensuing detachment creates subtle irony. Wondratschek was born in 1943 in Thuringia.

Sie hat ein schönes Gesicht.° Sie hat schöne Haare. Sie hat schöne Hände. Sie möchte schönere Beine° haben.

Sie machen Spaziergänge.° Sie treten auf Holz.° Sie liegt auf dem Rücken.° Sie hört Radio. Sie zeigen° auf Flugzeuge. Sie schweigen.° Sie lachen. Sie lacht gern.°

Sie wohnen nicht in der Stadt. Sie wissen, wie tief ein See° sein kann.

Sie ist mager.° Sie schreiben sich° Briefe und schreiben, daß sie sich lieben. Sie ändert° manchmal ihre Frisur.°

Sie sprechen zwischen Vorfilm und Hauptfilm[1] nicht miteinander.° Sie streiten° sich über Kleinigkeiten.° Sie umarmen°

face
more beautiful legs
take walks
wood / back
point
are silent / likes to laugh
lake
skinny / each other
changes / hairdo
with each other / argue
trifles / embrace

[1]*zwischen Vorfilm und Hauptfilm,* between the short subject and the main feature

sich.° Sie küssen° sich. Sie leihen sich Schallplatten° aus.°

Sie lassen sich fotografieren.[2] Sie denkt an Rom. Sie muß im Freibad° schwören,° mehr zu essen.

Sie schwitzen.° Sie haben offene Münder.° Sie gehen oft in Abenteuerfilme.° Sie träumt° oft davon. Sie stellt sich die Liebe vor.° Sie probiert° ihre erste Zigarette. Sie erzählen sich alles.

Sie hat Mühe,[3] vor der Haustür normal zu bleiben. Sie wäscht sich mit kaltem Wasser. Sie kaufen Seife.° Sie haben Geburtstag. Sie riechen° an Blumen.

Sie wollen keine Geheimnisse° voreinander° haben. Sie trägt° keine Strümpfe.° Sie leiht° sich eine Höhensonne.° Sie gehen tanzen. Sie übertreiben.° Sie spüren,° daß sie übertreiben. Sie lieben Fotos. Sie sieht auf Fotos etwas älter aus.°

Sie sagt nicht, daß sie sich viele Kinder wünscht.

each other / kiss
records / borrow
outdoor swimming pool / swear
sweat
mouths / adventure films
dreams
imagines / tries
soap
smell
secrets
from each other / wears / stockings
borrows / sunlamp
exaggerate / feel
appears

[2] *sich fotografieren lassen,* to have pictures taken of oneself
[3] *Mühe haben,* to have trouble *or* difficulty

Sie warten den ganzen Tag auf den Abend. Sie antworten gemeinsam.° Sie fühlen sich wohl.° Sie geben nach.° Sie streift° den Pullover über den Kopf.° Sie öffnet den Rock.°

together
are happy / give in
pulls / head
skirt

Sie kauft Tabletten. Zum Glück[4] gibt es Tabletten.

Fragen zum Inhalt

1. Beschreiben Sie das Mädchen!
2. Was tun die beiden, wenn sie nicht in der Stadt sind?
3. Worüber streiten sie sich?
4. Was machen sie nach einem Streit?
5. Was leihen sie sich aus?
6. Womit wäscht sich das Mädchen?
7. Was wollen die beiden nicht voreinander haben?
8. Was leiht sich das Mädchen?
9. Was sagt sie nicht?
10. Worauf warten die beiden den ganzen Tag?
11. Was tut das Mädchen, als die beiden sich ,,wohlfühlen''?
12. Was gibt es zum Glück?

Themen zur Diskussion

1. Meinen Sie, daß das Mädchen mehr essen soll?
2. Wie alt sind die zwei Leute? Wie wissen Sie das?
3. Was wissen Sie von dem jungen Mann?
4. Ist diese Geschichte eine typische Liebesgeschichte? Wie oder warum?
5. Was für einen Effekt hat der einfache Titel Aspirin?
6. Beschreiben Sie Ihre eigene Freundin (oder Ihren Freund).

[4] *zum Glück,* fortunately

Lyrik

4

the flag/Ernst Jandl

This amusing little bilingual poem seems to make fun of hallowed purposes and institutions. Note the lack of capitalization and punctuation, a contemporary practice in both English and German poetry. Ernst Jandl was born in Vienna in 1925.

a fleck° — spot
on the flag° — *die Fahne*
let's putzen° — clean

a riss° — tear
in the flag
let's nähen° — sew
where's the nadel° — needle

now
that's getan
let's throw it
werfen

into a dreck° — dirt

that's
a zweck° — purpose

die sonne scheint/Ernst Jandl

This poem is a play on the two meanings of the verb **scheinen.** *Again, Jandl does not use any punctuation, and*

he does not capitalize the nouns. Note the repetition of the sibilant s-sound, which almost seems to suggest the sizzling heat of the sun.

die sonne scheint
die sonne scheint unterzugehn° — to be setting
die sonne scheint untergegangen
die sonne scheint aufzugehn° — to be rising
die sonne scheint aufgegangen
die sonne scheint

Wieso warum? / Erich Kästner

Erich Kästner is a well-known humorist who was born in Dresden in 1899 and who died in 1974 in Munich.
The following poem is a spoof on the idle curiosities of man,

his habits and facile certainties. Intermingled with the questions about trivia are more serious probings into ultimate realities, such as God and Death. The juxtaposition of banalities and anxieties creates a peculiar mood of both irony and involvement. The use of the synonyms **wieso** *and* **warum** *in the title stresses the bafflement of the questioner.*

Warum sind tausend Kilo eine Tonne?
Warum ist dreimal° Drei nicht Sieben? — three times
Warum dreht° sich die Erde um die Sonne? — does . . . turn
Warum heißt Erna Erna statt Yvonne?
Und warum hat das Luder° nicht geschrieben? — wretch

Warum ist Professoren alles klar?
Warum ist schwarzer Schlips° zum Frack° verboten? — tie / tailcoat
Warum erfährt° man nie, wie alles war? — discover

Warum bleibt Gott grundsätzlich° unsichtbar?° — basically; invisible
Und warum reißen alte Herren Zoten?[1]

Warum darf man sein Geld nicht selber machen?
Warum bringt man sich nicht zuweilen° um?° — at times; kill oneself
Warum trägt man im Winter Wintersachen?° — winter clothes
Warum darf man, wenn jemand stirbt,° nicht lachen? — dies
Und warum fragt der Mensch bei jedem Quark:° Warum? — little things (*lit:* rubbish)

Reklame° / Ingeborg Bachmann — advertisement

Ingeborg Bachmann is an Austrian writer who was born in 1926 in Klagenfurt and died in 1973 in Rome. The following poem speaks in two voices: it juxtaposes an expression of existential anguish with the assertions of a facile optimism. The fragmentary sentences of the optimistic injunctions have the nature of advertising slogans and are set off from the anxious questioning of the main body of the poem by italics **(Kursivdruck).** *Notice once more the absence of all punctuation.*

Wohin aber gehen wir
ohne sorge° sei ohne sorge[2] — worries
wenn es dunkel und wenn es kalt wird
sei ohne sorge
aber
mit musik

[1]*Zoten reißen,* to tell dirty jokes
[2]*sei ohne Sorge,* don't worry

was sollen wir tun[3]
heiter° und mit musik — serene and cheerful
und denken
heiter
angesichts° eines Endes — considering
mit musik
und wohin tragen wir
am besten
unsre Fragen und den Schauer° aller Jahre — horror
in die Traumwäscherei[4] ohne sorge
sei ohne sorge
was° aber geschieht° — *here:* whatever / happens
am besten
wenn Totenstille° — dead silence
eintritt° — enters

[3]*was sollen wir tun?* what are we supposed to do?
[4]*Traumwäscherei, lit.:* dream laundry; poetic usage: laundry for dreams

Fragen zum Inhalt

the flag und *die sonne scheint*

1. Was tut man mit dem Fleck, mit dem Riß, mit der Fahne?
2. Was tut die Sonne jeden Tag?

Wieso warum?

3. Gibt es im ersten Vers eine ernste Frage? im zweiten? im dritten?
4. Wenn ja, welches sind die ernsten Fragen?

Reklame–

5. Welches sind die Hauptfragen in dem Gedicht?
6. Beantworten die Verse in Kursivdruck diese Fragen?

Themen zur Diskussion

the flag und *die sonne scheint*

1. Welchen Effekt hat ein Gedicht ohne Interpunktion?
2. Welche Bedeutung hat die einfache Struktur der Gedichte?

Wieso warum?

3. Glauben Sie, daß alle Probleme, die der Dichter mit seinen Fragen berührt, ,,Quark'' sind?
4. Ironisiert sich der Dichter selbst, wenn er auch die ernsten Fragen ,,Quark'' nennt?
5. Schreiben Sie selbst einige Fragen auf und versuchen Sie, diese in einfache Versform zu bringen!

Reklame

6. Finden Sie das Gedicht heiter oder melancholisch?
7. Schreiben Sie die Verse in Normaldruck heraus und dann die Verse in Kursivdruck! Lesen Sie die beiden Kolumnen! Welchen Effekt hat die Wiederholung der fragmentarischen Sätze in Kursivdruck?
8. ,,Traumwäscherei'' ist eine Wortbildung der Dichterin. Was meint sie wohl mit diesem Ausdruck?

Orion

Christa Reinig

5

The signs of the Zodiac and other stellar constellations have always stimulated the imagination of poets and writers and have given rise to many myths. Christa Reinig, born 1926 in Berlin, has written a series of vignettes explaining the celestial configurations in a down-to-earth, contemporary setting that contain subtle psychological insights and social commentaries. This story suggests the futility of a life mired in routine and devoid of desire. In Greek mythology, Orion, son of Poseidon, was thwarted by the goddess Artemis when he challenged her.

Orion trat aus dem Haus. Es war früher Morgen, Nebel° und November. Er kam zur Haltestelle.° Da schlossen sich die Türen. Orion spannte den Schirm auf[1] und wartete auf die nächste. Die feuchte° Menschenmasse° hob Orion hoch° und trug ihn am Schaffner° vorbei.° Als er bis zum Ausstieg° durchgereicht worden war,° verließ er den Wagen. Er ging durchs Tor. Hinter ihm klappte der Pförtner° das Buch zu. Orion saß vor seiner Maschine und tippte° Zahlen.° Das Telefon summte° zum ersten Mal an diesem Tag. Orion knipste das Licht aus.° Ein Kollege sagte: Wenn das meine Millionen wären.[2]—Was sind schon Millionen, sagte Orion, Er ging aufs Klo°

fog
bus stop
damp
crowd / lifted . . . up
conductor / carried . . . past / exit
had been pushed through *(passive)*
gate keeper
typed
numbers / hummed
flicked off
restroom

[1]*den Schirm aufspannen,* to open the umbrella
[2]*wenn das meine Millionen wären,* if these were my millions

und wusch° sich die Hände. Er aß seine Brote und trank Milchkaffee. Er pustete° die Krümel° vom Schreibtisch.° Dann ging er und wusch sich die Hände. Er schrieb einen Mietscheck° aus für seine Hausverwaltung.° Er entwendete° einen neutralen Betriebsumschlag° und steckte den Brief in die Tasche. Es klingelte° zwölf. Er ging aufs Klo und wusch sich die Hände. Es gab Frühlingssuppe,° Rippchen° und Klöße.° Es war nur ein Kloß auf dem Teller. Er trank ein Bier und ging und wusch sich die Hände. Dann buchte er weiter.° Kollegen kamen, ihn herauszuholen.° Vor dem Haus hatte es einen Verkehrsunfall° gegeben. Drei Funkstreifen° und ein Krankenwagen.° Orion blieb sitzen und sagte: Morgen steht alles in der Zeitung. Die Kollegen kamen und brachten ihm die Abendausgabe.° Er las sie und buchte weiter. Es wurde dunkel. Er knipste das Licht an und buchte weiter. Er ging aufs Klo und wusch sich die Hände. Er deckte die Maschine zu.° Es klingelte. Er zog sich den Mantel an,[3] schüttelte° einige Hände und faßte° in die Tasche, ob der Brief da war. Er vergaß seinen Schirm. Er war der letzte. Hinter ihm klappte der Pförtner das Buch zu. Er war frei. Er warf den Brief in einen Kasten° und beschloß,° in der Stadt zu essen. Er sprach ein Mädchen an, das wortlos weiterging. Er aß im Stehen eine Bockwurst und trank ein Bier dazu. Er

washed
blew
crumbs / desk
rent check / apartment management
stole
business envelope
rang
vegetable soup / ribs / dumplings
continued to make entries
to take him outside
traffic accident
police patrol cars / ambulance
evening edition
covered up
shook
grasped
mailbox / decided

[3]*Er zog sich den Mantel an,* he put on his coat; reflexive construction for emphasis

setzte sich in ein Kino, dann in eine Kneipe.° Es war halbzwölf, als er auf dem Zebrastreifen° stand. Der Himmel° war kalt und klar. Er schwankte° unvermutet,° sah eine Sternschnuppe° und sah gleichzeitig das Auto. Er starb° in derselben Nacht im Friedrich- Albert- Schuster- Krankenhaus° am Nordplatz. Er wurde unter die Sternbilder° versetzt,[4] weil es auf der armen Erde° nichts für ihn zu wünschen° gab.

bar
crosswalk (*lit:* zebra stripes) / sky
staggered / unexpectedly
shooting star
died
hospital
stellar constellation
earth / desire

Fragen zum Inhalt

1. Wann trat Orion aus dem Haus?
2. Worauf wartete er an der Haltestelle?
3. Was hob ihn hoch?
4. An wem trug ihn die Menschenmasse vorbei?
5. Was machte Orion im Büro?
6. Wovon träumt sein Kollege?
7. Was hält Orion von Geld?
8. Was tut Orion bis Mittag?
9. Was gab es zum Mittagessen?
10. Was hatte es vor dem Haus gegeben?
11. Was sagt Orion, als ihn seine Kollegen herausholen wollten?
12. Tut er am Nachmittag mehr oder weniger dasselbe wie am Vormittag?
13. Wen sprach er an, nachdem er den Brief eingeworfen hatte?
14. Antwortete ihm das Mädchen?
15. Was machte er am Abend?
16. Wie starb Orion?
17. Warum wurde er unter die Sternbilder versetzt?

[4]*er wurde versetzt,* he was transferred (passive voice)

Themen zur Diskussion

1. Was, glauben Sie, fehlt Orion? Lebenskraft, Imagination, Intelligenz, Initiative?
2. ,,Die feuchte Menschenmasse hob Orion hoch und trug ihn am Schaffner vorbei'': Ist diese Episode symbolisch? Zeigt sie, wie das Leben Orion behandelt?
3. Was bedeutet am Ende die Bemerkung, da ,,es auf der armen Erde nichts für ihn zu wünschen gab''?
4. Wie stellen Sie sich Ihre zukünftige Arbeit vor?

Der Erfinder°

inventor

Peter Bichsel

6

Peter Bichsel, born 1935 in Lucerne, Switzerland, is a writer with a satiric and ironic bent of mind. In this story he seems to suggest that modern inventions are no longer the product of the creative genius of one person but, rather, the result of the teamwork of many technologists. Or perhaps, he suggests that the genuinely creative person remains so whether he invents something new or not, that he may be destined to pursue his thought in solitude, unappreciated by the crowd. Or the "inventor" may be a mere querulous eccentric.

Erfinder ist ein Beruf,° den man nicht lernen kann, deshalb ist er selten; heute gibt es ihn überhaupt nicht mehr.[1] Heute werden die Dinge nicht mehr von Erfindern erfunden,° sondern von Ingenieuren und Technikern, von Mechanikern, von Schreinern° auch, von Architekten und von Maurern;° aber die meisten erfinden nichts.

Früher aber gab es noch Erfinder. Einer von ihnen hieß Edison. Er erfand die Glühbirne° und das Grammophon, das damals Phonograph hieß, er erfand das Mikrophon und baute das erste Elektrizitätswerk° der Welt, er baute einen Filmaufnahmeapparat° und einen Apparat, mit dem man die Filme abspielen° konnte.

profession
invented
carpenters
bricklayers
electric bulb
electric power station
movie camera
run off

[1]*heute gibt es ihn überhaupt nicht mehr,* today you can no longer find it at all

1931 starb er.
Ohne ihn wären wir ohne Glühbirnen.
So wichtig sind Erfinder.
Der letzte starb im Jahre 1931.

1890 wurde zwar noch einer geboren,° und der lebt noch. Niemand kennt ihn, weil er jetzt in einer Zeit lebt, in der es keine Erfinder mehr gibt.

was born

Seit dem Jahre 1931 ist er allein.

Das weiß er nicht, weil er schon damals nicht mehr hier in der Stadt wohnte und nie unter die Leute ging; denn Erfinder brauchen Ruhe.°

rest

Er wohnte weit weg von der Stadt, verließ° sein Haus nie und hatte selten Besuch.°

left / vistors

Er berechnete° und zeichnete° den ganzen Tag. Er saß stundenlang° da, legte seine Stirn in Falten,[2] fuhr[3] sich mit der Hand immer wieder übers Gesicht und dachte nach.°

calculated / drew
for hours
thought

Dann nahm er seine Berechnungen, zerriß° sie und warf sie weg° und begann wieder von neuem,° und abends war er mürrisch° und schlecht gelaunt,[4] weil die Sache wieder nicht gelang.°

tore apart / threw away
once again
grouchy
succeed

Er fand niemanden, der seine Zeichnungen° begriff,° und es hatte für ihn keinen Sinn,° mit den Leuten zu sprechen. Seit über vierzig Jahren saß er hinter seiner Arbeit, und wenn ihn einmal jemand besuchte, versteckte° er seine Pläne, weil er

drawings / understood
sense
hid

[2]*die Stirn in Falten legen,* to wrinkle one's brows, to frown
[3]*fuhr, here:* to pass
[4]*schlecht gelaunt,* in a bad mood

fürchtete,° man könnte° von ihm abschreiben,° und weil er fürchtete, man könnte ihn auslachen.°

was afraid / could — copy — laugh at

Er ging früh zu Bett, stand früh auf und arbeitete den ganzen Tag. Er bekam keine Post,° las keine Zeitungen und wußte nichts davon, daß es Radios gibt.

mail

Und nach all den Jahren kam der Abend, an dem er nicht schlecht gelaunt war, denn er hatte seine Erfindung erfunden, und er legte sich jetzt überhaupt nicht mehr schlafen.° Tag und Nacht saß er über seinen Plänen und prüfte sie nach,° und sie stimmten.°

go to bed — checked — were correct

Dann rollte er sie zusammen und ging nach Jahren zum ersten Mal in die Stadt. Sie hatte sich völlig verändert.°

changed

Wo es früher Pferde° gab, da gab es jetzt Automobile, und im Warenhaus gab es eine Rolltreppe,° und die Eisenbahnen° fuhren nicht mehr mit Dampf.° Die Straßenbahnen fuhren unter dem Boden[5] und hießen jetzt Untergrundbahnen,° und aus kleinen Kästchen,° die man mit sich tragen° konnte, kam Musik.

horses — escalator / railroads — steam — subways — little boxes — carry along

Der Erfinder staunte.° Aber weil er ein Erfinder war, begriff er alles sehr schnell.

was amazed

Er sah einen Kühlschrank° und sagte: „Aha.“

refrigerator

Er sah ein Telefon und sagte: „Aha.“

Und als er rote und grüne Lichter sah, begriff er, daß man bei Rot warten muß und bei Grün gehen darf.

[5] *unter dem Boden,* under the ground

Und er wartete bei Rot und ging bei Grün.

Und er begriff alles, aber er staunte, und fast hätte er dabei seine eigene Erfindung vergessen.

Als sie ihm wieder einfiel,° ging er auf einen Mann zu,° der eben bei Rot wartete und sagte: ,,Entschuldigen Sie,° mein Herr, ich habe eine Erfindung gemacht.'' Und der Herr war freundlich und sagte: ,,Und jetzt, was wollen Sie?''

occurred to
approached
excuse me

Und der Erfinder wußte es nicht.

,,Es ist nämlich eine wichtige Erfindung'', sagte der Erfinder, aber da schaltete die Ampel° auf Grün, und sie mußten gehen.

traffic light

Wenn man aber lange nicht mehr in der Stadt war, dann kennt man sich nicht mehr aus,° und wenn man eine Erfindung gemacht hat, weiß man nicht, wohin man mit ihr soll.[6]

know one's way around

[6]*wohin man mit ihr soll,* what to do with it

Was hätten die Leute sagen sollen,° zu denen der Erfinder sagte: „Ich habe eine Erfindung gemacht.“

should . . . have said

Die meisten sagten nichts, einige lachten den Erfinder aus, und einige gingen weiter, als hätten sie nichts gehört.

Weil der Erfinder lange nicht mehr mit Leuten gesprochen hatte, wußte er auch nicht mehr, wie man ein Gespräch° beginnt. Er wußte nicht, daß man als erstes sagt: „Bitte, können Sie mir sagen, wie spät es ist?[7]“ oder daß man sagt: „Schlechtes Wetter heute.“

conversation

Er dachte gar nicht daran, daß es unmöglich ist, einfach zu sagen: „Sie, ich habe eine Erfindung gemacht“, und als in der Straßenbahn jemand zu ihm sagte: „Ein sonniger Tag heute“, da sagte er nicht: „Ja, ein wunderschöner Tag“, sondern er sagte gleich: „Sie, ich habe eine Erfindung gemacht.“

Er konnte an nichts anderes mehr denken, denn seine Erfindung war eine große, sehr wichtige und eigenartige° Erfindung. Wenn er nicht ganz sicher gewesen wäre,° daß seine Pläne stimmten, dann hätte er selbst nicht daran glauben können.°

original

if . . . had not been completely certain *(subjunctive)*

could not have believed it *(subjunctive)*

Er hatte einen Apparat erfunden, in dem man sehen konnte, was weit weg geschieht.°

happens

Und er sprang auf° in der Straßenbahn, breitete seine Pläne zwichen den Beinen° der Leute auf dem Boden° aus° und

jumped up

legs / floor / spread out

[7]*wie spät ist es?* what time is it?

rief: „Hier schaut° mal, ich habe einen Apparat erfunden, in dem man sehen kann, was weit weg geschieht.“

look here

Die Leute taten° so, als° wäre nichts geschehen,° sie stiegen ein und aus, und der Erfinder rief:° „Schaut doch, ich habe etwas erfunden. Sie können damit sehen, was weit weg geschieht.“

acted / as if
had happened
shouted

„Der hat das Fernsehen° erfunden“, rief jemand, und alle lachten.

television

„Warum lachen Sie?“ fragte der Mann, aber niemand antwortete, und er stieg aus, ging durch die Straßen, blieb bei Rot stehen° und ging bei Grün weiter, setzte sich in ein Restaurant und bestellte° einen Kaffee, und als sein Nachbar° zu ihm sagte: „Schönes Wetter heute“, da sagte der Erfinder; „Helfen Sie mir doch, ich habe das Fernsehen erfunden, und niemand will es glauben—alle lachen mich aus.“

stopped
ordered
neighbor

Und sein Nachbar sagte nichts mehr. Er schaute den Erfinder lange an, und der Erfinder fragte: „Warum lachen die Leute?“ „Sie lachen“, sagte der Mann, „weil es das Fernsehen schon lange gibt und weil man das nicht mehr erfinden muß“, und er zeigte in die Ecke° des Restaurants, wo ein Fernsehapparat stand, und fragte: „Soll ich ihn einstellen?“°

corner
turn . . . on

Aber der Erfinder sagte: „Nein, ich möchte das nicht sehen.“ Er stand auf und ging.

Seine Pläne ließ er liegen.°

left lying

Er ging durch die Stadt, achtete° nicht

watched

mehr auf° Grün und Rot, und die Autofahrer schimpften° und tippten mit dem Finger an die Stirn.[8]

(auf: for; schimpften: grumbled)

Seither° kam der Erfinder nie mehr in die Stadt.

(Seither: since then)

Er ging nach Hause und erfand jetzt nur noch für sich selbst.

Er nahm einen Bogen° Papier, schrieb darauf ,,Das Automobil'', rechnete und zeichnete wochenlang° und monatelang° und erfand das Auto noch einmal, dann erfand er die Rolltreppe, er erfand das Telefon, und er erfand den Kühlschrank. Alles, was er in der Stadt gesehen hatte, erfand er noch einmal.

(Bogen: sheet (of); wochenlang / monatelang: for weeks / for months)

Und jedes Mal, wenn er eine Erfindung gemacht hatte, zerriß er die Zeichnungen, warf sie weg und sagte: ,,Das gibt es schon.''

Doch er blieb sein Leben lang ein richtiger° Erfinder, denn auch Sachen, die es gibt, zu erfinden, ist schwer, und nur Erfinder können es.

(richtiger: true)

Fragen zum Inhalt

1. Warum ist der Beruf eines Erfinders selten?
2. Von wem werden heute Dinge erfunden?
3. Was erfand Edison?
4. Was baute er?
5. Wer wurde 1890 geboren?

[8] *an die Stirn tippen,* to tap one's forehead

6. Warum geht der Erfinder nie unter die Leute?
7. Was macht er den ganzen Tag?
8. Warum war er abends mürrisch und schlecht gelaunt?
9. Warum hatte es für ihn keinen Sinn, mit den Leuten zu sprechen?
10. Warum versteckte er seine Pläne?
11. Was machte er, als er seine Erfindung erfunden hatte?
12. Wie hatte sich die Stadt verändert?
13. Warum begriff der Erfinder alles Neue sehr schnell?
14. Was aber hätte er beinahe vergessen?
15. Wovon sprach der Erfinder immer, wenn er Leute traf?
16. Wie reagierten die Leute im allgemeinen?
17. Warum wußte der Erfinder nicht mehr, wie man ein Gespräch beginnt?
18. Womit beginnt man ein Gespräch normalerweise?
19. Was hatte der Erfinder erfunden?
20. Was machte er in der Straßenbahn?
21. Wie verhielten sich die Leute in der Straßenbahn?
22. Wohin ging der Erfinder, als er entdeckte, daß es seine Erfindung schon gab?
23. Ist der Erfinder je wieder in seine Stadt zurückgekehrt?
24. Was erfand er noch für sich selbst?
25. Was machte er jedesmal mit seinen Zeichnungen?
26. Warum blieb er sein Leben lang ein richtiger Erfinder?

Themen zur Diskussion

1. Kennen Sie Erfinder, die mit ihrer Erfindung reich geworden sind?
2. Warum ist es unmöglich, einfach zu sagen: ,,Ich haben eine Erfindung gemacht''?
3. Wie alt ungefähr muß der Erfinder wohl gewesen sein, als er zum ersten Mal wieder in die Stadt zurückkehrte?
4. Behandelt diese Geschichte nur das Problem des Erfindens oder das Problem des schöpferischen Menschen im allgemeinen?
5. Diskutieren Sie das Problem ,,Individuum und Gesellschaft''—in der Technik, in der Kunst und in der Politik.

Ballett

7

The following text is adapted from a program note that describes the founding of a ballet ensemble and its search for its own artistic expression. The opening paragraph contains a few general reflections on ballet as a form of art.

Der Tanz war die älteste Form des Theaters und die ursprünglichste.° Da diese Form nur vom menschlichen Körper° getragen° wird, ist sie auch die sinnlichste.° Ballett wurde dann der kunstvollste° Ausdruck° von Tanz. Der Tanz war schließlich ohne dekorativen und musikalischen Aufwand° nicht mehr denkbar.° Große und immer größere Ballett-Truppen waren die Folge.°

Einem Stadttheater mittlerer Größe° setzen da die finanziellen Mittel° Grenzen.° Aus der notwendigen° Beschränkung° mag aber so etwas wie eine Neubesinnung° entstehen,° was Ballet, was Tanz eigentlich ist. In Münster hat sich ein Tanz-Team von zehn Solotänzern unter dem Ballettmeister und Choreographen Ricardo Nunez zusammengefunden.° Gemeinsam° gehen sie auf die Suche[1] nach ,,ihrem" Ballett, ihrem gemeinsamen tänzerischen Ausdruck, der aus zehn Solisten eine homogene Truppe

most original
body
carried / most sensual
most artistic
expression
display / thinkable
consequence
size
means / limits
necessary / limitation
new idea
come up
got together / together

[1]*auf die Suche nach etwas gehen,* to look for, be in quest of something

formt. Sie werden gewiß ihren eigenen Stil finden.

Diesem Plan entspricht° als Szene die variable Bühne° des Kleinen Hauses.[2] Auf dieser Bühne wird sich Tanz am ehesten° wie in einem Fokus konzentrieren, sammeln°—und sich am unmittelbarsten° dem Zuschauer° mitteilen.°

Das Programm des ersten Ballettabends wird die folgenden Werke bringen: Igor Strawinsky: Sinfonie in 3 Sätzen,° Béla Bartòk: Sonate für 2 Pianos und Schlagzeug,° und Gustav Mahler: Adagietto aus der 5. Sinfonie, sowie zwei weitere Werke.

Ein zweiter Ballettabend wird sich aus Erfahrungen° der Arbeit und dem Eingehen°

corresponds to
stage
at best
collect / immediately
spectator / will affect
here: movements
percussion instruments
experiences / response

[2]*Kleines Haus,* little theater

des Publikums auf die erste Darbietung° gestalten. performance

Choreographie: Ricardo Nunez
Bühnenbild° und Kostüme: Jochen Plänker scenery
Premiere: 14. Oktober

Adapted from *Spielplan des Kleinen Hauses,*
Städtische Bühnen Münster, Westf.

Fragen zum Inhalt

1. Was war der Tanz ursprünglich?
2. Warum ist diese Form des Theaters die sinnlichste?
3. Was ist aus dem Ballett geworden?
4. Ohne was war der Tanz schließlich nicht mehr denkbar?
5. Was war die Folge?
6. Was setzt einem kleineren Stadttheater Grenzen?
7. Was kann aus einer solchen Beschränkung entstehen?
8. Was sucht die kleine Ballett-Truppe von Münster?
9. Was entspricht ganz ihrem Plan?
10. Wann wird die Premiere stattfinden?

Themen zur Diskussion

1. Wer waren Igor Strawinsky und Gustav Mahler?
2. Haben Sie schon ein Ballettstück gesehen, das hier auf dem Programm steht?
3. Kennen Sie einige andere Ballettstücke? Von wem sind sie?
4. Was ist eine ,,variable" Bühne?
5. Mögen Sie lieber Ballett oder Drama? Geben Sie Ihren Gefühlen lieber wortlosen oder gesprochenen Ausdruck?

6. Glauben Sie auch, daß Ballett die sinnlichste Form des Theaters ist?
7. Trifft das auch für das Tanzen in einer Diskothek zu?
8. Besuchen Sie selbst Diskotheken? Warum?

Eine Oper: „Der Rosenkavalier“

8

Die Oper ist ein musikalisches Genre, das in deutschsprachigen Ländern noch ein großes Publikum hat, obwohl moderne Komponisten kaum mehr traditionelle Opern komponieren.

Eines der schönsten und erfolgreichsten° Werke im Opern-Repertoire ist ,,Der Rosenkavalier''. Die Oper wurde am Anfang des zwanzigsten Jahrhunderts von Richard Strauß komponiert in Zusammenarbeit° mit dem österreichischen Dichter und Schriftsteller Hugo von Hofmannsthal, der das Libretto dazu schrieb.

most successful
collaboration

,,Der Rosenkavalier'' ist eine der letzten, im zwanzigsten Jahrhundert geschriebenen Opern, deren Thema sich mit dem Leben und den Werten° einer vergangenen° Gesellschaft° befaßt.° In diesem Sinne enthält sie gewisse ,,romantische'' Elemente. Die Handlung spielt zwar im siebzehnten Jahrhundert zur Zeit der Kaiserin Maria Theresia, drückt aber auch gleichzeitig° die romantische Sehnsucht° der Generation vor dem Ersten Weltkrieg aus.°

values / past
society / deals with
at the same time
longing
expresses

Diese Oper enthält einige Szenen, die deutlich an Mozart erinnern. Andererseits° werden einige der schönsten Melodien vom

on the other hand

Rhythmus des berühmten Wiener Walzers getragen. Die Musik ist feinfühlig° und berauschend° zugleich° und mit genialem Können° orchestriert. Hofmannsthals Libretto unterscheidet° sich von der Konvention der italienischen Oper (aber auch von den Opern Richard Wagners) dadurch, daß es keine gigantischen Helden° kennt. Seine Menschen sprechen und handeln wie Menschen iher Zeit. Dennoch gelingt° es Hofmannsthal, die Handlung dramatisch zu gestalten° und das etwas melancholische Thema mit heiterem° Humor aufzulockern.°

Die Hauptzüge° der Handlung können in wenigen Sätzen zusammengefaßt° werden:

sensitive
rapturous / at the same time
with gifted genius
differs
heroes
form
cheerful / to lighten up
main trends
summarized

Marie Therese, die Gattin° des Feldmarschalls Prinz von Werdenberg (daher ihr Titel: die Marschallin) hat eine Liebschaft° mit dem sehr viel jüngeren Grafen° Octavian. Eines Morgens erscheint° Baron von Ochs, ein Bekannter der Marschallin. Octavian hat gerade noch Zeit, sich als Zimmermädchen° zu verkleiden.° Baron von Ochs, ein etwas bäuerischer° Don Juan, hat sich kürzlich verlobt° und bittet die Marschallin, ein Verlobungsgeschenk° von ihm—eine silberne Rose—seiner Verlobten überbringen° zu lassen. Die Marschallin verspricht° ihm, Ocatavian mit dem Geschenk loszuschicken.° Als Octavian die Verlobte des Barons erblickt,° ist er sofort in sie verliebt. Sophie von Faninal, die Verlobte, weigert° sich, Baron von Ochs zu heiraten. Ihr Vater, ein reicher

wife
love affair
count
appears
chambermaid / disguise
boorish
got engaged
engagement present
deliver
promises
to send . . . off
sees
refuses

Richard Strauss **Der Rosenkavalier**

Der 110. Geburtstag von Richard Strauss (1864—1949) und der 100. Geburtstag von Hugo von Hofmannstal (1874—1929) sind der äußere Anlaß für die Neuinszenierung der „Komödie für Musik“, „Der Rosenkavalier“. Das unter der Regie von Max Reinhardt 1911 in Dresden uraufgeführte Werk, welches sich der Stilmittel der alten Buffooper bedient, „vermittelt in einer frei erfundenen Komödienhandlung ein lebendes Sitten- und Kulturbild“ aus dem Maria-Theresianischen Zeitalter. Die geistige Verbundenheit Richard Strauss’ mit dem bayrisch-österreichischen Barock und Rokoko spiegelt sich im „Rosenkavalier“ wider, und Mozarts Geist stand Pate bei diesem Meisterwerk der „commedia in musica“. Der Walzer mit seinem Dreivierteltakt durchzieht anachronistisch das im Rokokozeitalter angesiedelte Stück und bestimmt dadurch die lockere Atmosphäre: Wien. Der Briefwechsel zwischen Strauss und Hofmannstal gibt Aufschluß über eine fruchtbare Zusammenarbeit, deren Niederschlag auch in der „Elektra“, in „Ariadne auf Naxos“ und in „Arabella“ zu finden ist. Im „Rosenkavalier“ schildert Richard Strauss, der Komponist der großen sinfonischen Dichtungen, die Liebe des jungen Grafen Rofrano zur Feldmarschallin Fürstin Werdenberg und deren Verzicht zugunsten von Sophie von Faninal, die Octavian beim Überreichen der silbernen Verlobungsrose des Baron Ochs kennen und lieben lernt.

Premiere: 25. Dezember 1974

Musikalische Leitung: Alfred Walter
Regie: Walter Pohl

Die Partie des Ochs auf Lerchenau singt Kammersänger Heinz Imdahl von der Bayerischen Staatsoper München.

Emil Orlik: Richard Strauss

Bürger, will sie dazu zwingen,° weil er gern seine Tochter mit einem Adligen° verheiratet wissen möchte. Octavian und seine Freunde denken sich einen Plan aus, den Baron als Schürzenjäger° bloßzustellen.° Als Zimmermädchen verkleidet bittet Octavian den Baron zu einem Rendez-vous. Er gibt sich schließlich als Octavian zu erkennen[1] und stellt so den Baron vor aller Welt bloß. Die Marschallin erscheint und muß traurig erkennen, daß sie den geliebten Octavian seiner jungen Liebe überlassen° muß. In der feinfühligen Schlußszene kommt ein Negerkind,° löscht die Kerzen aus° und hebt Sophies Taschentuch° auf,° das sie fallen gelassen hat.

force
nobleman
lit: skirt-chaser / to expose
relinquish
Negro child
extinguishes / handkerchief / picks up

[1]*sich zu erkennen geben,* to reveal one’s (true) identity

Auch die Zuschauer° möchten fast zu ihren Taschentüchern greifen.° Vor ihren Augen hat sich ein sehr menschliches Schicksal° abgespielt.° Mit dem Auslöschen der Kerzen scheint eine der schönsten Kulturepochen für immer entschwunden° zu sein.

spectators
reach for
fate / unfolded
disappeared

Fragen zum Inhalt

1. Ist die Oper in deutschsprachigen Ländern noch populär?
2. Von wem wurde ,,Der Rosenkavalier'' komponiert?
3. Wer hat das Libretto geschrieben?
4. Was ist das Thema der Oper?
5. Wie ist die Musik?
6. Wie unterscheidet sich das Libretto von den konventionellen Librettos?
7. Was gelingt Hofmannstahl?
8. Mit wem hat die Marschallin eine Liebschaft?
9. Worum bittet der Baron von Ochs?
10. Was weigert sich die Verlobte des Barons zu tun?
11. Warum will sie ihr Vater zur Heirat mit dem Baron zwingen?
12. Wie stellt Octavian den Baron bloß?
13. Was muß die Marschallin traurig erkennen?
14. Was macht das Negerkind in der Schlußszene?
15. Was wird damit symbolisch ausgelöscht?

Themen zur Diskussion

1. Kennen Sie diese Oper von Richard Strauß oder haben Sie von ihr gehört?

2. Gibt es in Ihrer Stadt Opernaufführungen?
3. Ziehen Sie ,,Musicals'' Opern vor? Warum oder warum nicht?
4. Welche Art von Musik hören Sie am liebsten?

Eine Theateraufführung° in Ost-Berlin

theater performance

9

Ein kühler Sommerabend. Wir haben Eintrittskarten° zu einer Theateraufführung der Volksbühne[1] am Luxemburgplatz in Ost-Berlin bekommen° können. Auf dem Programm steht „Weiber-Komödie",° ein Stück von Heiner Müller, einem Dramatiker, der in der DDR[2] sehr beliebt° und auch über die Grenzen° seines Landes hinaus bekannt ist.

Der Theatersaal,° von mittlerer Größe und einfach eingerichtet,° ist bis auf den letzten Platz besetzt,° besonders von jungen Leuten. Wir erhalten zwei Programmzettel° und werden zu unseren Plätzen geführt.° Wir vertiefen° uns in die Lektüre° der beiden Programmzettel. Der eine enthält die Namen des Regisseurs,° der Schauspieler° und ihrer Rollen und der technischen Mitarbeiter. Der andere ist eine Einführung° in das Thema des Theaterstückes und

admission tickets
purchase (*lit:* get)
comedy of wives
well liked
borders
theater auditorium
furnished
filled
programs
led
become absorbed / reading matter
(play) director / actors
introduction

[1]*Volksbühne, lit.:* the popular stage; usually a municipal theater in a big city where the more popular plays and operettas are performed

[2]*die DDR,* Deutsche Demokratische Republik, German Democratic Republic (East Germany)

enthält verschiedene Zitate° etwas didaktischer Natur aus Theaterstücken von Aristophanes, Ibsen und weniger bekannten Autoren, aus den Schriften° von Bertolt Brecht, Karl Marx und anderer Sozialreformer und sogar einen Vers aus dem 1. Korinther-Brief von Paulus. Auch eine kleine Abhandlung° des irischen° Dramatikers Sean O'Casey über „Die Macht° des Lachens—eine Waffe° gegen das Böse“° ist abgedruckt.° Alle diese Zitate sollen das Thema von Heiner Müllers „Weiber-Komödie“ unterstützen.°

Da heißt es[3] zum Beispiel: „Die Frau hat das gleiche Recht wie der Mann auf Entfaltung° ihrer Kräfte und auf freie Betätigung° derselben; sie ist Mensch wie der Mann, und soll die Freiheit haben, über sich zu verfügen° als ihr eigener Herr.° Der Zufall,° als Frau geboren zu sein, darf daran nichts ändern.“°[4]

Das Stück hat offensichtlich° gesellschaftskritischen° Charakter und behandelt° die Frage der Emanzipation der Frau im zwanzigsten Jahrhundert.

Eine Hausfrau, namens Emma Kaschiebe, will an einem Bauprojekt° mitarbeiten, das für den materiellen Fortschritt° ihrer Heimatstadt von Bedeutung° ist. Um zur Baustelle° zu gelangen,° benötigt° sie ein Verkehrsmittel.° Und so kämpft sie mit ihrem

quotations
writings
treatise / Irish
power
weapon / evil
printed
support
development / application
decide / *here:* ruler/ coincidence
change
obviously
critical of society / deals with
construction project
progress
importance
construction site / get to / needs
means of transportation

[3]*da heißt es,* one can read there

[4]Quoted from August Bebel, *Die Frau und der Sozialismus*

Mann um das einzige Fahrrad, das sie sich leisten° können und triumphiert schließlich nach mancherlei° Zwischenfällen.° Aber sie kämpft nicht nur um das Fahrrad, sondern auch um ihre Befreiung aus der häuslichen Umklammerung° und den Fortschritt ihrer Gesellschaft.° So wird das Fahrrad zum symbolischen Gegenstand.°

Trotz seiner didaktischen Intention enthält das Stück einige humorvolle Situationen und zeichnet sich durch witzigen° Dialog aus.° Die Schauspieler zeigen durchwegs großes technisches Können,° und die Hauptdarstellerin° hat viel Charme und Sex-Appeal.

Der Vorhang° fällt und brausender° Applaus ruft die Schauspieler mehrere Male auf die Bühne zurück, bevor die Menge langsam den Saal verläßt.°

afford
various / episodes
entrapment
sex
object
witty
distinguishes
ability
principal actress
curtain / roaring
leaves

Fragen zum Inhalt

1. Wo befindet sich die Volksbühne in Ost-Berlin?
2. Wie heißt das Stück, das aufgeführt wird?
3. Wer hat es geschrieben?
4. Was für ein Theatersaal ist es?
5. Was enthält der eine Programmzettel?
6. Was enthält der andere?
7. Worauf sollen die Zitate den Zuschauer vorbereiten?
8. Was für einen Charakter hat das Stück?
9. Woran will Emma Kaschiebe mitarbeiten?
10. Was benötigt sie dazu?

11. Worum kämpft sie?
12. Wozu wird das Fahrrad?
13. Wodurch zeichnet sich das Stück aus?
14. Was charakterisiert die Hauptdarstellerin?
15. Wie ist der Applaus?

Themen zur Diskussion

1. Was halten Sie von dem Zitat aus August Bebels ,,Die Frau und der Sozialismus''?
2. Kennen Sie Theaterstücke, zum Beispiel von Aristophanes, Ibsen oder einem andern Dramatiker, die das Thema der Emanzipation der Frau behandeln? Wenn ja, welche(s)?
3. Versuchen Sie ganz kurz, den Inhalt des Stückes zu erzählen!
4. Gehen Sie manchmal ins Theater?
5. Haben Sie ein Lieblingsstück? Wenn ja, warum gefällt Ihnen das Stück ganz besonders?

Der Film „Made in Germany und USA"

10

The following text is an adaptation of a review from the German news magazine DER SPIEGEL (July 1974), which describes the qualities and the plot of a low-cost ''art film'' with a social message.

Spielfilm° von Rudolf Thome.
Deutschland 1974, 145 Minuten.

- movie

Rudolf Thomes ,,Made in Germany und USA'' ist ohne Zweifel° das erstaunlichste° deutsche Kino-Unternehmen° der letzten Jahre. Gekostet hat das Experiment mit der eigenen° und anderer Leute Psyche, das ganze 145 Minuten dauert,° 30000 Mark. Ein normaler Spielfilm kostet im Durchschnitt° 700000 Mark.

- doubt / most amazing
- movie enterprise
- own
- lasts
- on the average

Thome bricht rigoros mit allen Konventionen des traditionellen Films, um seine Studie einer gescheiterten° Ehe° deutlich° zu machen. Gezeigt wird in ,,Made in Germany und USA'' ein Paar° (Karin Thome, Eberhard Klasse), das sich unter dem Druck° finanzieller und beruflicher° Schwierigkeiten° immer mehr auseinandergelebt° hat. Die einzige wichtige Verbindung,° die noch vorhanden° zu sein

- broken / marriage / clear
- couple
- pressure / occupational
- difficulties
- estranged
- connection / existent

scheint,° ist ihr Kind. Wirklich zum Ausbruch[1] der Krise kommt es aber erst,° als sich der Mann von seiner Frau betrogen° fühlt und die Frau die Affäre mit einem anderen nicht zugeben° will. Der übersensible Mann zieht aus der Wohnung aus.° Er verbringt° eine Nacht bei einem Mädchen, das er in einem Lokal° aufgegabelt° hat. Dann benutzt er eine Gelegenheit,° sich nach New York abzusetzen.°

Schließlich reist die Frau mit zusammengebetteltem Geld[2] ihrem Mann nach. Erschöpft° und unfähig zu° vernünftiger° Kommunikation sitzen sie sich gegenüber.° Das einzige,° was sie noch verbindet, ist eine Art° verzweifelter° und paradoxer Gemeinsamkeit:° sie klammern sich noch aneinander.°

Thomes Erklärung zur Premiere, sein Film sei° eine Abrechnung° mit der Ehe und stelle die sogenannten° Zweier-Beziehungen° grundsätzlich° in Frage,[3] nahm das Berliner Publikum ohne Widerspruch° hin.°

seems
only
deceived
admit
moves out
spends
bar / picked up
opportunity
to escape
exhausted / incapable of / reasonable
sit facing each other
the only thing
a kind of / desperate
mutual interest
cling to each other
is *(subjunctive)* / final settlement
so-called
conjugal relationships / basically
dissent
accepted

Adapted from *Der Spiegel*

[1]*zum Ausbruch kommen,* to break out
[2]*mit zusammengebetteltem Geld,* with money solicited from others
[3]*in Frage stellen,* to question

Fragen zum Inhalt

1. Was ist Rudolf Thomes Film ohne Zweifel?
2. Womit experimentiert der Filmregisseur?
3. Wieviel hat der Film gekostet?
4. Womit bricht Thome?
5. Was ist das Thema des Films?
6. Wann kommt es zum Ausbruch der Krise in der Ehe?
7. Wohin setzt sich der Mann ab?
8. Woher hat die Frau das Geld, um ihrem Mann nachzureisen?
9. Wozu sind die beiden Ehepartner unfähig?
10. Was ist das einzige, was sie noch verbindet?
11. Was stellt Thomes Film in Frage?

Themen zur Diskussion

1. Welchen Film haben Sie zuletzt gesehen? Was war sein Thema?
2. Scheint der Autor des Artikels erstaunt zu sein, daß das Berliner Publikum das Thema des Films ohne Widerspruch hinnimmt?
3. Ist das Thema des Films aktuell?
4. Glauben Sie selbst an die Möglichkeit einer befriedigenden „Zweier-Beziehung"? Warum oder warum nicht?

Erinnerungen an Brecht

II

Herr Brecht / Wolf Biermann

Wolf Biermann, born in 1936 in Hamburg, is a poet and lyricist living in East Berlin. Primarily a composer of ballads and songs with a political and satirical slant, he is often embroiled with the regime. He remains a fervent admirer of Bertolt Brecht (1895–1956), the famous German dramatist and lyric poet, who spent his last years in East Berlin with his own recurrent troubles with the political powers. In the following poem, Biermann makes a satirical reference to the dilligent scholars working in the Brecht Archives in East Berlin.

Drei Jahre nach seinem Tode° — death
ging Herr Brecht
Vom Hugenotten[1]-Friedhof° — cemetery
die Friedrichstraße entlang,° — walked along
zu seinem Theater.

Auf dem Wege traf° er — met
einen dicken Mann
zwei dicke Fraun
einen Jungen.° — boy
Was, dachte er,
das sind doch die Fleißigen° — industrious people
vom Brechtarchiv.
Was, dachte er,

[1]*Hugenot*, Huguenot, French Protestant and members of Reformed or Calvinistic communion in the sixteenth and seventeenth centuries.

seid ihr immer noch nicht fertig°
mit dem Ramsch?°

Und er lächelte°
unverschämt°—bescheiden° und
war zufrieden.°

finished
rubbish
smiled
impertinently / modestly
satisfied

Dialektik / André Müller and Gerd Semmer, eds.

The following piece is one of ninety-nine anecdotes about Bertolt Brecht, which were collected and edited by André Müller and Gerd Semmer under the title Geschichten vom Herrn B.

Als Herr B. ein Knabe° war, hing seine Versetzung° aus der Tertia[2] von einer Klassenarbeit° in Französisch ab.° Die Arbeit ging daneben.[3] Einem Mitschüler° geschah dasselbe in Latein. Dieser radierte einige Fehler aus,° ging zum Professor und verlangte° eine bessere Note.° Er bekam eine schlechtere, die radierten Stellen° waren dünn° geworden.° Herr B. erkannte° die Nachteile° dieses Verfahrens.° Er nahm rote Tinte,° strich sich in seiner Arbeit mehrere Stellen als Fehler an,° die keine waren, und ging auch zum Professor: Was hier falsch sei?° Der Lehrer war bestürzt:° Die Stellen seien richtig.—Wenn der Herr Professor sich so in der Zahl° der Fehler geirrt habe,° meinte Herr B., müsse° er ihm doch eine bessere Note geben. Der Lehrer beugte° sich dieser Logik, und Herr B. wurde versetzt.

boy
promotion
exam / depended on
classmate
erased
demanded / grade
spots
thin / had become / recognized
disadvantages / procedure
ink
underlined
is supposed to be *(subjunctive)* / dismayed
number
has made a mistake (*subj.*) / must *(subj.)*
bowed

[2]*die Tertia*-fourth year in a German *Gymnasium*
[3]*daneben gehen,* to fail, misfire

Fragen zum Inhalt

Herr Brecht

1. Wann ging Herr Brecht zu seinem Theater?
2. Wen traf er auf dem Wege?
3. Wer, dachte er, sind diese Leute?
4. Was dachte er sonst noch?
5. Wie lächelte er?

Dialektik

6. Wovon hing die Versetzung von Herrn B. ab?
7. Wie war die Klassenarbeit?
8. Was passierte einem Mitschüler?
9. Wie versuchte der Mitschüler, seine Note zu verbessern?
10. Was erkannte Herr B.?
11. Was machte er, um seine Note zu verbessern?
12. Welche Frage stellte er an den Professor?
13. Wie reagierte der Lehrer auf diese Frage?
14. Was erreichte Herr B. bei dem Lehrer?

Themen zur Diskussion

Herr Brecht

1. Kennen Sie ein Werk von Bertolt Brecht? Wenn ja, wie heißt es?
2. Haben Sie schon ein Theaterstück von ihm gesehen oder gelesen? Wenn ja, welches?
3. Herr Brecht nennt seinen literarischen Nachlaß ,,Ramsch''. Finden Sie ein Element von Selbstironie in dieser Bemerkung?
4. Oder spricht der Dichter selbst durch Herrn Brecht?

Dialektik

5. Würden Sie als Lehrer auch so reagieren, wie der Lehrer in der Geschichte?
6. Haben Sie auch schon einmal eine bessere Note von Ihrem Lehrer gefordert? Wie haben Sie das getan? Hatten Sie Erfolg?
7. Zeigt diese Geschichte viel Respekt für das Schul- oder Notensystem?
8. Warum kann man Herrn B.s Verfahren ,,dialektisch'' nennen?

Tessiner[1] Herbsttag

Hermann Hesse

12

Hermann Hesse was born in 1877 in Calw/Württemberg and died in 1962 in Montagnola in Switzerland. Besides having been the rage of many a young generation for his message of the inner liberation of the individual, he is justly famous for his sensitive prose. The following piece shows him as a painter in prose and illustrates his fascination with painting, especially landscapes, an art form in which he himself excelled, although he is hardly known in the United States for this avocation.

In manchen Jahren kann sich unser Tessiner Sommer nicht zum Abschiednehmen° entschließen.° Während er sonst,° in heißen und gewittrigen° Jahren, oft zu Ende des August oder zu Anfang des September plötzlich in einem mehrtägigen,° wilden Gewitter° mit Wolkenbrüchen° sich austobt° und dann plötzlich gebrochen und alt ist und sich matt und verlegen verliert,[2] hält er sich in diesen anderen Jahren viele Wochen lang immer und immer wieder ohne Gewitter, ohne Regen, freundlich, still, ein Stifterscher° Nachsommer,[3] ganz blau und gold, ganz Frieden° und Milde,° unterbrochen° nur zuweilen° vom Föhn,[4]

to take leave / decide / otherwise
stormy
of several days
thunderstorm / cloudbursts
rages
Stifterian *(name)*
peace / softness
interrupted / at times

[1]*Tessiner,* from *das Tessin,* Italian-speaking area (canton) of Switzerland
[2]*sich matt und verlegen verlieren,* to fade away
[3]*„Der Nachsommer“,* “After Summer,” published in 1857, a novel by the Austrian Adalbert Stifter (1805–1868); *Stifterisch,* adjective derived from Stifter
[4]*der Föhn,* a warm dry south wind that blows down the valleys on the north side of the Alps

der dann ein, zwei Tage lang an den Bäumen rüttelt° und die Kastanien° in den grünen Stachelhülsen[5] vorzeitig° herunterwirft, und das Blau noch etwas blauer, das helle° warme Violett der Berge° noch etwas lichter, die Durchsichtigkeit° der glasigen° Luft noch um einen Grad klarer macht. Langsam, langsam und auf viele Wochen verteilt,° färben sich die Blätter, wird die Rebe° gelb und braun oder purpurn,° der Kirschbaum scharlachrot,° der Maulbeerbaum° goldgelb, . . .

shakes / chestnuts
early
bright / mountains
transparence / transparent
spread
vine / purple
scarlet red
mulberry tree

Viele Jahre lang, zwölf Jahre lang habe ich diese Spätsommer und Herbste hier

[5]*die Stachelhülse,* prickly shell of a nut

miterlebt,° als Wanderer, als stiller Betrachter,° als Maler,° . . . [Ich möchte] über die goldenen Maulbeerkronen hinweg in die farbenerfüllte,° reiche Landschaft blicken, die so beruhigt° und so ewig scheint, obwohl sie noch vor kurzem von den glühenden Strömen des Sommers durchwühlt° war und bald von den Schneefällen und Stürmen des Winters heimgesucht° sein wird.

experienced
observer / painter
filled with colors
peaceful
ravaged
afflicted

Fragen zum Inhalt

1. Wozu kann sich der Tessiner Sommer oft nicht entschliessen?
2. Wie tobt er sich oft aus?
3. Wie lange hält er sich in anderen Jahren?
4. Was ist der „Föhn“?
5. Was macht der Föhn?
6. Wie lange hat Hermann Hesse solche Spätsommer miterlebt?

Themen zur Diskussion

1. Haben Sie schon einmal etwas von Hesse gelesen? Wenn ja, was?
2. Warum ist Hesse wohl in Amerika so bekannt?
3. Versuchen Sie, einen Herbsttag in Ihrer eigenen Heimat malerisch zu beschreiben.
4. Besprechen Sie mit Ihrem Lehrer, wie sich der Stil von Hesses Landschaftsbeschreibung vom Stil der früheren Prosa-Stücke in diesem Band unterscheidet.

Der Tod des H.C. Artmann[1]

Wolfgang Bauer

13

The following satiric piece is an example of Austrian dialect, which differs substantially in pronunciation and intonation from standard German as do so many other German dialects. The spelling of dialects has not been officially standardized and is at best an approximation of the sound. The standard German is given after each statement.

Sturm° — storm

1. GRENZER:° Heit kummt ka Auto mea üba die Grenz . . . — borderguard

Heute kommt kein Auto mehr über die Grenze° . . . — border

2. GRENZER: I vasteh übahaupt no net wieso mia so aufpassn miaßn . . .

Ich verstehe überhaupt noch nicht, wieso wir so aufpassen° müssen . . . — watch out

1. GRENZER: Najaaa . . . vielleicht kummt a do no heit durch . . .

Naja,° vielleicht kommt er doch noch heute durch . . . — well

2. GRENZER: Mecht nua wissen, wos

[1]*H. C. Artmann,* name of a contemporary Austrian writer and poet

gegn den oamen Dichta
hom . . . und mia miaßn
frian . . .

Ich möchte nur wissen, was
sie gegen den armen
Dichter haben . . . und
wir müssen frieren° . . . freeze

1. GRENZER: De hom goa nix gegen den
oamen Dichta . . . de
stehn auf den . . .
deswegn wullnsn jo
einfongan . . .

Die haben gar nichts gegen
den armen Dichter . . . ,
die bestehen auf dem[2] . . .,
deswegen wollen sie ihn
einfangen° . . . catch

2. GRENZER: Wieso miaßns eam
einfongan?

Wieso müssen sie ihn
nachher einfangen?

1. GRENZER: Weils kane Dichta mea hom
in Österreich . . .

Weil sie keine Dichter mehr
haben in Österreich . . .

2. GRENZER: Na und?

Na und?

1. GRENZER: De brauchn die Dichta,
wals sunst kane Litaratuapreise mea valein kennan.

Die brauchen die Dichter,

[2]*die bestehen auf dem, lit.:* they insist on him; *in Austrian slang:* they "dig" him.

weil sie sonst keine Literaturpreise mehr verleihen[3] können.

2. GRENZER: Na und?

Na und?

1. GRENZER: A Land des wos kane Litaratuapreise valeit *ist kein* Land! Vastehst? Des schaut bled aus . . . ba die andan Lända . . . die glaum mia san nix . . . mia hom ka Göld fia die Litaratuapreise . . .

Ein Land, das keine Literaturpreise verleiht, *ist kein* Land! Verstehst du? Das sieht blöd° aus° . . . aber die anderen Länder . . . , die glauben, wir seien nichts . . . , wir hätten kein Geld für Literaturpreise . . .

stupid / looks

2. GRENZER: Bled. Oba wieso kumman de Dichta net sölba, wanns a Göld kriagn?

Blöd! Aber wieso kommen die Dichter nicht selber, wenn sie Geld kriegen°?

get

1. GRENZER: Des is so: frira homs ka Göld kriagt, do sans olle noch Deitschlond oda noch Englond ausgwandat . . . und jetzt glaums net, doß

[3]*einen Preis verleihen,* to award a prize

wirklich ans kriagn . . .

Das ist so: Früher° haben sie kein Geld gekriegt, da sind sie alle nach Deutschland oder nach England ausgewandert . . . und jetzt glauben sie nicht, daß sie wirklich etwas kriegen . . . — formerly

2. GRENZER: Oba mia kennan den do net anfoch festnehman . . . dea hot jo nix ton . . .

Aber wir können den doch nicht einfach festnehmen° . . . , der hat ja nichts getan . . . — arrest

1. GRENZER: Des is es jo . . . , dea Artmann is da anzige Dichta den wos ma festnehman kennan. Dea is nämlich bei uns net gmöld . . .

Das ist es ja . . . , der Artmann ist der einzige Dichter, den wir festnehmen können. Der ist nämlich bei uns nicht gemeldet° . . . — registered

2. GRENZER: Wann a in Deitschlond lebt, du Trottl.

Wenn er doch in Deutschland lebt, du Trottel!° — idiot

1. GRENZER: Dea woa oba do . . . dea hot si nua net gmöldet, weil a sunst no Alimente

zum zoln khobt het.

Der war aber da . . . , der hat sich nur nicht gemeldet, weil er sonst noch Alimente° zu zahlen gehabt hätte. alimony

2. GRENZER: Wieso is a übahaupt donn net glei weggangan?

Wieso ist er dann überhaupt nicht gleich weggegangen?

1. GRENZER: Weil er do gern is.

Weil er da gern ist.[4]

2. GRENZER: Wann er do gern is, wieso miaß man donn gewaltsam festnehman?

Wenn er da gern ist, wieso müssen wir ihn dann gewaltsam° festnehmen? by force

1. GRENZER: Jo, weil er net was, daß er do gern gesehen is und weil er donn plötzlich wieda furt sein konn . . . womeglich no bevua er sein Litaratuapreis verpaßt kriagt . . . dea hot Angst, daß er festgnomman wird . . .

Ja, weil er nicht weiß, daß er da gern gesehen ist[5] und weil er dann plötzlich wieder fort sein kann . . . , womöglich° noch bevor er possibly

[4]*weil er da gern ist,* because he likes it there
[5]*er ist da gern gesehen,* he is very well liked there

seinen Literaturpreis verliehen kriegt . . . , der hat Angst,° daß er festgenommen wird . . .

[° is afraid]

2. GRENZER: A, dea was scho, daß mia do auf eam woatn!? Na, do kummt dea bestimmt net . . .

Ah, der weiß schon, daß wir da auf ihn warten!? Na, dann kommt der bestimmt° nicht . . .

[° certainly]

Auto

1. GRENZER: Do schau . . . a VW . . . des is a . . .

Da, schau!° . . . ein VW, . . . das ist er . . .

[° look!]

Autobremsen°

[° breaks]

2. GRENZER: Paßkontrolle.

Paßkontrolle.

1. GRENZER: A . . . des is jo da Herr Artmann . . . Sie wern nämlich gesucht . . . kummans amal raus . . . raus!

Ah, das ist ja der Herr Artmann . . . , Sie werden nämlich gesucht, . . . kommen Sie einmal heraus, . . . raus!

2. GRENZER: Paß auf, dea rennt davon

. . . (*Laufen*) Schnöll . . .
Paß auf, der rennt davon° — is running away
. . . Schnell . . .

1. GRENZER: Hände hoch . . . Stehn-
bleiben! Schiaß! Schiaß
eam nieda bevua ea üba die
Grenz is! Schiaß!

Hände hoch! . . . Stehen-
bleiben!° Schieß!° Schieß — stop / shoot
ihn nieder,° bevor er über — down
die Grenze ist! Schieß!

Schüsse° — shots
(Mit feierlicher° Stimme:°) — solemn / voice
Geboren in Österreich . . .
gestorben in Österreich . . .
do homman wieda, den
Abtrünnigen . . .

Geboren in Österreich . . . ,
gestorben in Österreich
. . . . , da haben wir ihn
wieder, den Ab-
trünnigen° . . . — deserter

Fragen zum Inhalt

1. Auf wen müssen die beiden Grenzer aufpassen?
2. Wieso sollen sie den Dichter einfangen?
3. Was sieht blöd aus?
4. Wohin sind früher die österreichischen Dichter ausgewandert? Warum?

5. Warum können sie den Dichter Artmann festnehmen?
6. Warum hat sich Artmann nicht in Österreich gemeldet?
7. Wird Artmann in seinem eigenen Land geschätzt?
8. Was macht Herr Artmann, als er von den Grenzern angehalten wird?
9. Was tun die Grenzer, als der Dichter weglaufen will?
10. Was ist der tote Dichter für die Grenzer?

Themen zur Diskussion

1. Kennen Sie Literaturpreise, die in den USA verliehen werden? Welche?
2. Nennen Sie einige Nobelpreisträger!
3. Wie beurteilen Sie die Mentalität der Grenzer?
4. Gegen wen oder was richtet sich die Satire?
5. Diskutieren Sie, wie man den Dichter anders hätte überreden können, in Österreich zu bleiben!

Vocabulary

A

ab·drucken to print
die *Abendausgabe, -n* evening edition
der *Abenteuerfilm, -e* adventure film
die *Abhandlung, -en* treatise
ab·hängen von (+ dat.) to depend on
die *Abrechnung, -en* final settlement
das *Abschiednehmen* taking leave
ab·schreiben, -schrieb, -geschrieben to copy
ab·setzen to deposit, settle; *sich* —— to escape (somewhere)
ab·spielen to unfold
der *Abtrünnige (ein Abtrünniger), -n* deserter
achten auf (+ acc.) to watch for
der *Adel* nobility
adlig noble
die *Affäre, -n* affair
ähnlich similar
aktuell up-to-date, of contemporary importance
das *Aliment, -e* alimony
allgemein general; *im allgemeinen* in general
das *Alter* age
die *Ampel, -n* traffic light
andererseits on the other hand
ändern to change
sich *aneinander·klammern* to cling to each other
an·fangen, -fängt, -fing, -gefangen to begin, start
anfangs in the beginning
angesichts (+ gen.) considering; facing
die *Angst, ⸚e* fear; —— *haben* to be afraid
an·halten, -hält, -hielt, -gehalten to stop
an·knipsen to switch on, flick on
an·kündigen to announce
an·sehen, -sieht, -sah, -gesehen to consider, look at
an·sprechen, -spricht, -sprach, -gesprochen to address
an·starren to stare at
an·streichen, -strich, -gestrichen to mark, underline
an·ziehen, -zog, -gezogen to put on (clothes); *sich* —— to dress oneself
der *Anzug, ⸚e* suit
der *Apparat, -e* apparatus
die *Arbeit, -en* job, work; test
arm poor
die *Art, -en* kind, type, manner
der *Aufenthalt, -e* stay
auf·führen to present; perform
auf·gabeln to pick up, fish out
auf·gehen, -ging, ist -gegangen to open; go up, rise
auf·heben, -hob, -gehoben to pick up
auf·hören to stop, cease
auf·lockern to loosen up
auf·passen to watch out, be careful
auf·regen to excite; rouse; irritate; *sich* —— to be excited
auf·schreiben, -schrieb, -geschrieben to write down *or* out
auf·spannen to open
auf·springen, -sprang, ist -gesprungen to jump up
auf·tauchen to appear
der *Aufwand* display
auf·weisen, -wies, -gewiesen to show
das *Auge, -n* eye
aus·breiten to spread out
der *Ausbruch, ⸚e* outbreak; *zum* —— *kommen* to break out
aus·denken, -dachte, -gedacht to think up
der *Ausdruck, ⸚e* expression
auseinander·gehen, -ging, ist -gegangen to separate
auseinander·leben to become estranged from each other
sich *aus·kennen, -kannte, -gekannt* to know one's way around, be informed
aus·knipsen to switch off, flick off
die *Auskunft, ⸚e* information
aus·lachen to laugh at

das *Ausland* foreign country; *im or ins* —— abroad

aus·leihen, -lieh, -geliehen to borrow

aus·löschen to extinguish

aus·radieren to erase

aus·sehen, -sieht, -sah, -gesehen to look

der *Ausstieg, -e* exit

aus·steigen, -stieg, ist -gestiegen to get out

sich *aus·toben* to rage

aus·wandern to emigrate

aus·zeichnen to award; *sich* —— to distinguish oneself

aus·ziehen, -zog, -gezogen to take off (clothes); ——, *ist -gezogen* to move out; *sich* —— to undress

die *Autobremse, -n* car brake

B

der *Bach, ¨-e* creek

die *Bahn, -en* track; train

das *Ballett, -e* ballet (company *or* art form)

der *Ballettmeister, -* ballet director

das *Ballettstück, -e* ballet (work)

die *Ballett-Truppe, -n* ballet troup

der *Band, ¨-e* volume, book

bauen to build

das *Bauprojekt, -e* building project

bäurisch boorish

die *Baustelle, -n* building site

der *Bauunternehmer, -* building contractor

beantworten to answer

bedeuten to mean

die *Bedeutung, -en* meaning; importance, significance

sich *befassen* to deal with; *sich mit etwas* —— to concern oneself with something

sich *befinden, befand, befunden* to be present; be located

die *Befreiung, -en* liberation, freedom

befriedigend satisfactory

begreifen, begriff, begriffen to understand

der *Begriff, -e* concept

behandeln to treat, deal with

das *Bein, -e* leg

das *Beispiel, -e* example; *zum* —— for example

bekannt well known

der *Bekannte (ein Bekannter), -n* acquaintance

bekommen, bekam, bekommen to receive

beliebt well liked

die *Bemerkung, -en* observation, remark

benötigen to need

benutzen to use

beobachten to observe

berauschend rapturous

berechnen to calculate

die *Berechnung, -en* calculation

der *Berg, -e* mountain

der *Beruf, -e* profession, occupation; *von* —— *sein* to have as an occupation

beruflich professional

beruhigt calm, peaceful

berühmt famous, renowned

berühren to allude to; touch

bescheiden modest

beschließen, beschloß, beschlossen to decide

die *Beschränkung, -en* limitation

beschreiben, beschrieb, beschrieben to describe

die *Beschreibung, -en* description

besetzt occupied

besonders especially

besprechen, bespricht, besprach, besprochen to discuss

bestehen, bestand, bestanden aus (+ dat.) to consist of; —— *auf (+ dat.)* to insist on

bestellen to order

bestimmt certain, definite

bestürzt dismayed, confounded

der *Besuch, -e* visit, visitor

besuchen to visit

die *Betätigung, -en* application; activation

der *Betrachter, -* observer

der *Betriebsumschlag, ¨-e* business envelope
betrügen, betrog, betrogen to deceive
sich *beugen (dat.)* to bow to
beurteilen to judge, review
der *Beweis, -e* proof
bewirken to effect, cause
bezeichnen to designate, call
die *Beziehung, -en* relationship
bitten, bat, gebeten to ask, request; —— *um (+ acc.)* to ask for
das *Blatt, ¨-er* leaf
blöd stupid, crazy
bloß only, merely
bloß · stellen to expose
die *Bockwurst, ¨-e* type of sausage
der *Boden, ¨-* floor
der *Bogen, ¨-* sheet (of paper)
die *Bombe, -n* bomb
das *Böse* evil
brauchen to need
brausend roaring
brechen, bricht, brach, gebrochen to break; —— *mit (+ dat.)* to break with
der *Brief, -e* letter
bringen, brachte, gebracht to bring
brüllen to bawl
der *Buchstabe, -n* letter
die *Bühne, -n* stage
das *Bühnenbild, -er* scenery
das *Bühnenwerk, -e* play
der *Bürger, -* citizen
das *Büro, -s* office

C

der *Charakter, -e* character, characteristic
der *Choreograph, -en* choreographer

D

damals at that time
der *Dampf, ¨-e* steam
danach therafter
daneben · gehen, -ging, ist -gegangen to fail, misfire
die *Darbietung, -en* presentation
dar · stellen to play; present
dauern to last
davon · rennen, -rannte, ist -gerannt to run away
denkbar thinkable
dazu in addition, besides that
denken, dachte, gedacht to think; —— *über (+ acc.)* to reflect, think about; —— *an (+ acc.)* to remember, think about
dennoch yet; nevertheless
deshalb for this reason
deswegen therefore
deutlich clear
deutschsprachig German speaking
der *Dichter, -* poet
die *Dichtung, -en* poetic *or* literary work
der *Dienst, -e* duty, service
das *Ding, -e* thing
die *Diskothek, -en* discotheque
die *Diskussion, -en* discussion
diskutieren to discuss
donnern to thunder
der *Dramatiker, -* playwright, dramatist
der *Dreck* dirt
sich *drehen* to turn around
dreimal three times
der *Druck* pressure
dünn thin
durch · reichen to pass; push through
der *Durchschnitt* average; *im* —— on the average
die *Durchsichtigkeit* transparency
durchwegs throughout, always
durch · wühlen to ravage, churn up
der *Duschraum, ¨-e* shower, bathroom

E

echt true, genuine
die *Ecke, -n* corner
der *Effekt, -e* effect, power

ehe (sub. conj.) before; *eher* sooner; *am ehesten* at best
die *Ehe, -n* marriage
die *Ehefrau, -en* wife
der *Ehemann, ¨-er* husband
die *Ehre, -n* honor
eigen- own
eigenartig strange, peculiar; original
das *Eigenheim, -e* private home
einfach simple
ein·fallen, -fällt, -fiel, ist -gefallen (dat.) to occur to
ein·fangen, -fängt, -fing, -gefangen to catch
die *Einführung, -en* introduction
ein·gehen, -ging, ist -gegangen to die, wilt [said of plants]
das *Eingehen auf (+ acc.)* response to
eingerichtet furnished
einige (pl.) some, a few
einmal once; *noch* —— once again
ein·steigen, -stieg, ist -gestiegen to get in
ein·stellen to turn on
ein·treten, -tritt, -trat, ist -getreten to enter; occur
die *Eintrittskarte, -n* admission ticket
ein·werfen, -wirft, -warf, -geworfen to throw *or* drop in
einzig only; single
das *Eisen* iron
die *Eisenbahn, -en* railroad
der *Eisschrank, ¨-e* refrigerator
das *Elektrizitätswerk, -e* power plant
empfindsam sensitive
entdecken to discover
die *Entfaltung* development; deployment
enthalten, enthält, enthielt, enthalten to contain
entlang·gehen -ging, ist -gegangen to walk down *or* along
sich *entschließen, entschloß, entschlossen* to decide
entschuldigen to excuse
entschwinden, entschwand, ist entschwunden to disappear
entsetzt shocked
entsprechen, entspricht, entsprach, entsprochen (dat.) to correspond to
entstehen, entstand, ist enstanden to arise, come out of
entwenden to steal, swipe
entwickeln to develop
die *Entwicklung, -en* development, progress
die *Erde* earth
erblicken to notice
erfahren, erfährt, erfuhr, erfahren to learn, find out, discover
die *Erfahrung, -en* experience
erfinden, erfand, erfunden to invent
das *Erfinden* inventing, discovering
der *Erfinder, -* inventor
der *Erfolg, -e* · success —— *haben* to be successful
erfolgreich successful
erfüllt filled
ergreifend touching
erhalten, erhält, erhielt, erhalten to receive
erinnern to remind; *sich* —— *an (+ acc.)* to remember
die *Erinnerung, -en* remembrance, memory
erkennen, erkannte, erkannt to recognize, realize; *sich zu* —— *geben* to reveal one's identity
erklären to explain
die *Erklärung, -en* statement, explanation
ernst serious
erobern to conquer
erreichen to accomplish; reach
erscheinen, erschien, ist erschienen to appear
erschöpft exhausted
erst only; first
erstaunen, ist erstaunt über (+ acc.) to be amazed about
erstaunlich amazing
erzählen to tell
das *Erzählen* narration, telling

die *Erzählung, -en* tale, narration
etwas a little; something
ewig eternal

F

der *Fabrikbesitzer, -* factory owner
die *Fahne, -n* flag
das *Fahrrad, ¨-er* bicycle
die *Falte, -n* wrinkle
die *Farbe, -n* color
färben to color
farbenerfüllt filled with color
fassen to grasp
fehlen (dat.) to miss, lack
der *Fehler, -* error, mistake
die *Feier, -n* celebration
feierlich solemn
feinfühlig sensitive
der *Feldmarschall, ¨-e* field marshall
die *Fensterbank, ¨-e* window sill
das *Fernsehen* television [as a medium]

fertig finished
fest · halten, -hält, -hielt, -gehalten to hold on to
fest · nehmen, -nimmt, -nahm, -genommen to arrest
feucht humid, damp
der *Filmaufnahmeapparat, -e* movie camera
der *Filmregisseur, -e* film director
der *Fleck, -en* spot
fleißig industrious
fließen, floß, geflossen to flow
das *Flugzeug, -e* airplane
der *Föhn* *warm, dry wind*
die *Folge, -n* consequence, result
fordern to demand
der *Fortschritt, -e* progress
der *Frack, -s* tailcoat
die *Frage, -n* question; *in —— stellen* to question
das *Freibad, ¨-er* outdoor swimming pool
die *Freiheit, -en* freedom
der *Frieden* peace
der *Friedhof, ¨-e* cemetery
frieren, fror, gefroren to freeze, be cold
die *Frisur, -en* hairdo
früher formerly; earlier
der *Frühling* spring
die *Frühlingssuppe, -n* vegetable soup
führen to lead
die *Funkstreife, -n* police patrol car
fürchten to fear, be afraid

G

die *Gattin, -nen* spouse, wife
geben, gibt, gab, gegeben to give; *es gibt* there is (are)
geboren born
der *Geburtstag, -e* birthday
das *Gedicht, -e* poem
gefallen, gefällt, gefiel, gefallen (dat.) to please
das *Gefühl, -e* feeling, emotion
der *Gegenstand, ¨-e* object
gegenüber · sitzen, -saß, -gesessen to sit across from
das *Geheimnis, -se* secret
gehören (dat.) to belong to
gelangen, ist gelangt zu (+ dat.) to reach, get to
gelaunt, schlecht —— in a bad mood
gelb yellow
die *Gelegenheit, -en* opportunity
der *Geliebte (ein Geliebter), -n* lover
gelingen, gelang, ist gelungen (dat.) to succeed
das *Gemälde, -* painting
gemeinsam together; in common, mutual
die *Gemeinsamkeit,* mutual interest
genial gifted with genius
gerade just; —— *noch* just enough
die *Gesamtnote, -n* final grade
geschehen, geschieht, geschah, ist geschehen to happen
gescheitert broken, wrecked
das *Geschenk, -e* present, gift
die *Geschichte, -n* story

die *Gesellschaft, -en* society; companionship
gesellschaftskritisch critical of society
das *Gesicht, -er* face
das *Gespräch, -e* talk, conversation
gestalten to form, shape; *sich*—— take shape
gewaltsam by force
gewiß certain, definite
das *Gewitter, -* thunderstorm
gewittrig stormy
glasig transparent
glauben (dat.) to believe
gleich same
gleichzeitig at the same time
das *Glück* luck; happiness; *zum* —— fortunately
die *Glühbirne, -n* electric bulb
glühen to glow
der *Grad, -e* degree *(temperature)*
der *Graf, -en* count
gräßlich awful, horrible
greifen, griff, gegriffen zu (+ dat.) to reach for
die *Grenze, -n* border, limit
der *Grenzer, -* border guard
die *Größe, -n* size
der *Grund, ¨-e* reason; *im Grunde* basically
grundsätzlich basically

H

halten, hält, hielt, gehalten von (+dat.) to think of, have an opinion of; *sich* —— to hold out, keep up, remain
die *Haltestelle, -n* stop [for a street car or bus]
die *Hand, ¨-e* hand
handeln to act, behave; —— *mit (+ dat.)* to deal with, treat
die *Handlung, -en* action, plot
die *Hauptdarstellerin, -nen* principal actress
die *Hauptfrage, -n* main question
das *Hauptgericht, -e* main dish
der *Hauptzug, ¨-e* main trend *or* characteristic
häuslich domestic
die *Hausverwaltung, -en* apartment management
die *Heimat, -en* home
der *Heimatort, -e* hometown
die *Heimatstadt, ¨-e* hometown
heim · kehren, ist -gekehrt to return home
heim · suchen to afflict
die *Heirat, -en* marriage
heißen, hieß, geheißen to be called; *es heißt* it says
heiter cheerful, light
der *Held, -en* hero
hell bright
heraus · holen to pick up, take outside
heraus · kommen, -kam, ist -gekommen to come out
heraus · stecken to stick out
heraus · ziehen, -zog, -gezogen to pull out
der *Herbst* autumn
her · geben, -gibt, -gab, -gegeben to hand over, give away
herunter · werfen, -wirft, -warf, -geworfen to throw down
der *Himmel* sky; heaven
hin · nehmen, -nimmt, -nahm, -genommen to accept
hinweg · blicken über (+ acc.) to look across and over
hin · weisen, -wies, -gewiesen auf (+ acc.) to hint at, point to
hoch · heben, -hob, -gehoben to lift up
die *Höhensonne, -n* sunlamp
das *Holz, ¨-er* wood
homogen homogenous
hören to listen to, hear

I

das *Individuum, -uen* individual
der *Ingenieur, -e* engineer

der *Inhalt, -e* contents
inszenieren to direct (a play)
die *Interpunktion* punctuation
sich *irren* to be mistaken

J

das *Jahrhundert, -e* century
jaulen to howl
jemand someone
jubeln to rejoice
der *Junge, -n* boy

K

die *Kachel, -n* tile
kämpfen um (+ acc.) to fight for
die *Kastanie, -n* chestnut
das *Kästchen, -* little box
der *Kasten, ¨* box, mailbox
kaum hardly
der *Kegel, -* bowling pin
die *Kegelbahn, -en* bowling alley
keineswegs not at all
die *Kerze, -n* candle
das *Kino-Unternehmen, -* movie enterprise
die *Kirche, -n* church
der *Kirschbaum, ¨e* cherry tree
der *Kittel, -* coat, smock
klappen to click, clatter
die *Klassenarbeit, -en* test, exam
die *Kleinigkeit, -en* trifle
klingeln to ring
das *Klo, -s* restroom, toilet
klopfen to knock; beat, pound
der *Kloß, ¨e* dumpling
der *Knabe, -n* boy
die *Kneipe, -n* joint, bar
die *Kochkunst, ¨e* art of cooking
der *Kollege, -n* colleague
die *Kolumne, -n* column
die *Komödie, -n* comedy
der *Komponist, -en* composer
das *Können* ability
der *Kopf, ¨e* head
der *Körper, -* body
der *Kostenanschlag, ¨e* cost estimate
die *Kraft, ¨e* power
das *Krankenhaus, ¨er* hospital
der *Krankenwagen, -* ambulance
das *Kreuz, -e* cross
der *Krieg, -e* war
kriegen to get, receive
die *Krise, -n* crisis
Kritik üben to criticize
die *Krone, -n* crown
der *Krümel, -* crumb
die *Kugel, -n* ball
der *Kühlschrank, ¨e* refrigerator
die *Kunst, ¨e* art
kunstvoll artistic
der *Kursivdruck* italics
kurz short; *vor kurzem* a short time ago
kürzlich a short time ago
küssen to kiss

L

lachen to laugh
lächeln to smile
das *Land, ¨er* country
die *Landschaft, -en* landscape
langsam slow
lassen, läßt, ließ, gelassen to let, allow; have something done
lauter only, merely; many
die *Lebenskraft, ¨e* vitality
leihen, lieh, geliehen to borrow
leise soft, quiet
sich *leisten (dat.)* to afford
die *Leitung, -en* management
die *Lektüre,* reading matter
das *Lesebuch, ¨er* reading, anthology
die *Lesung, -en* reading
leuchten to shine
licht bright
das *Licht, -er* light
die *Liebe* love
lieben to love
die *Liebesgeschichte, -n* love story
das *Lieblingsstück, -e* favorite piece
die *Liebschaft, -en* love affair

liebst- favorite
der *Literaturpreis, -e* award for literature
das *Lokal, -e* inn, restaurant, pub
los · schicken to send away
das *Luder, -* wretch
die *Luft, ¨-e* air
die *Lyrik* poetry, lyrics
der *Lyrikband, ¨-e* volume of lyric poetry

M

die *Macht, ¨-e* power
mager skinny
das *Mal, -e* time; *zum ersten* —— for the first time
der *Maler, -* artist, painter
man one; people
mancherlei various
die *Männerstimme, -n* male voice
der *Mantel, ¨* coat
matt dim
der *Maulbeerbaum, ¨-e* mulberry tree
die *Maulbeerkrone, -n* mulberry crown
der *Maurer, -* mason, bricklayer
mehrtägig of several days
meinen to mean; have an opinion, think
melancholisch sad, melancholic
melden to register
die *Menge, -n* crowd
der *Mensch, -en* man, human being
die *Menschenmasse, -n* crowd of people
merken to notice
mieten to rent
der *Mietscheck, -s* rent check
die *Milde* softness
mit · arbeiten to work with; participate in; —— *an (+ dat.)* to work at, cooperate
der *Mitarbeiter, -* co-worker, assistant
miteinander with each other
mit · erleben to experience
mit · geben, -gibt, -gab, -gegeben to impart
der *Mitschüler, -* classmate
das *Mittagessen, -* lunch
mittags (at) noon
sich *mit · teilen* to share with; affect
mittel– medium
das *Mittel, -* means
das *Modell, -e* model; form
möglich possible
die *Möglichkeit, -en* possibility
monatelang for months
müde tired
die *Mühe, -n* trouble, effort; —— *haben* to have difficulty
der *Mund, ¨-er* mouth
mürrisch grouchy

N

der *Nachbar, -n* neighbor
nach · denken, -dachte, -gedacht to reflect, think about
die *Nachfolge, -n* succession, wake
nach · geben, -gibt, -gab, -gegeben to give in
der *Nachlaß, ¨-sse* legacy; literary remains
der *Nachmittag, -e* afternoon
nach · prüfen to check
nach · reisen to follow
der *Nachteil, -e* disadvantage
der *Nachtisch* dessert
die *Nadel, -n* needle
nähen to sew
die *Nähmaschine, -n* sewing machine
naja well
nämlich namely, that is to say
nanu (coll.) now, now (what's the matter)
der *Nebel, -* fog
der *Neger, -* Negro, black
das *Negerkind, -er* black child
nennen, nannte, genannt to name, call
der *Nerv, -en* nerve; *es geht ihm auf die Nerven* it gets on his nerves
neu new; *von neuem* over again
die *Neubesinnung* new idea, consciousness

nieder·schießen, -schoß, -geschossen to shoot down, kill
niemand no one
der *Nobelpreisträger, -* Nobel Prize winner
der *Nordplatz* north square
der *Normaldruck* normal print *or* type
normalerweise normally
die *Note, -n* grade
notwendig necessary

O

offensichtlich obviously
öffnen to open
die *Opernaufführung, -en* opera presentation
orientiert sein to be informed

P

das *Paar, -e* couple
passieren, ist passiert (dat.) to happen
pfeifen, pfiff, gepfiffen to whistle
das *Pferd, -e* horse
pflegen to care for, tend
der *Pförtner, -* gatekeeper
das *Plakat, -e* poster
plötzlich suddenly
die *Politik* politics
die *Post* mail; post office
der *Preis, -e* prize; price
probieren to try, taste
der *Programmzettel, -* program, play bill
prüfen to check
das *Publikum* audience
purpur purple
pusten to blow
putzen to clean

Q

der *Quark (coll.)* rubbish
quengeln to whine
das *Quengeln* whining
quietschen to squeak

R

radieren to erase
der *Ramsch* rubbish
der *Rand, ¨er* margin
reagieren to react
die *Rebe, -n* vine, grape
das *Recht, -e* right
rechtzeitig in time
die *Rede, -n* speech, *eine —— halten* to give a speech
der *Regen, -* rain
die *Regie* direction [of a play or film]
der *Regisseur, -e* director [of a play or film]
reich rich
reichen to pass
die *Reklame* advertising, advertisement
richten to direct, point
richtig correct, real
riechen, roch, gerochen to smell
das *Rippchen, -* rib, chop [of pork]
der *Riß, -sse* tear
der *Rock, ¨e* skirt
rodeln to sleigh-ride
die *Rolltreppe, -n* escalator
der *Roman, -e* novel
der *Rücken, -* back
rufen, rief, gerufen to call, shout
die *Ruhe* rest
rütteln to shake

S

der *Saal, Säle* hall, auditorium
die *Sache, -n* thing, affair
sammeln to collect
der *Satz, ¨e* sentence; movement
schaffen, schuf, geschaffen to create
der *Schaffner, -* conductor
die *Schallplatte, -n* record
schalten to switch
scharlach scarlet
schätzen to appreciate
schauen to look
der *Schauer, -* terror, horror

der *Schauspieler, -* actor
scheinen, schien, geschienen to shine; seem, appear
scheitern to fail
das *Schicksal, -e* fate
schießen, schoß, geschossen to shoot
das *Schießpulver* gunpowder
schimpfen to grumble
der *Schirm, -e* umbrella
schlafen, schläft, schlief, geschlafen to sleep
sich *schlafen·legen* to go to bed
das *Schlagzeug, -e* percussion instrument, drum
schließen, schloß, geschlossen to close
schließlich finally
der *Schlips, -e* tie
der *Schlitten, -* sled; —— *fahren* to sleigh-ride
schluchzen to sob
der *Schluß, ¨-sse* conclusion
der *Schneefall, ¨-e* snowfall
die *Schnur, ¨-e* string, rope
schöpferisch creative
der *Schreibtisch, -e* desk
schreien, schrie, geschrien to scream, cry
der *Schreiner, -* carpenter
die *Schriften (pl.)* writings
der *Schriftsteller, -* writer, author
der *Schürzenjäger, -* rake, wolf
der *Schuß, ¨-sse* shot
schütteln to shake
schwanken to stagger
schweigen, schwieg, geschwiegen to be silent
die *Schwierigkeit, -en* difficulty, trouble
schwitzen to perspire, sweat
schwören, schwur, geschworen to swear, promise
der *See, -n* lake
die *Sehnsucht* longing, desire
die *Seife, -n* soap
seither since then
selten rare, uncommon
sich *setzen* to sit (oneself) down; sich —— *auf (+ acc.)* to sit (oneself) down on
sicher safe
der *Sinn, -e* sense; —— *haben* to make sense
sinnlich sensual
die *Sinnlosigkeit* senselessness
der *Ski, -er* ski; —— *laufen* to ski
sofort immediately
sogar even
sogenannt so-called
die *Sonne, -n* sun
sonst otherwise; —— *noch* anything else, other
sonstwie how else
die *Sorge, -n* worry, problem
sowie as well as
der *Spalt, -en* crack; split
der *Spaß, ¨-e* jest
spät late; *wie* —— *ist es?* what time is it?
der *Spaziergang, ¨-e* walk; *einen* —— *machen* to take a walk
spielen to play
der *Spielfilm, -e* movie
der *Spielplan, ¨-e* program [of the season]
spüren to sense, feel
der *Staatsbürger, -* citizen
die *Stachelhülse, -n* prickly shell [of a nut]
das *Stadttheater, -* municipal theater
statt·finden, -fand, -gefunden to take place, occur
staunen to wonder, be amazed
stecken to put, stick
das *Stehen* standing; *im* —— while standing
stehen·bleiben, -blieb, ist -geblieben to stop
die *Stelle, -n* place
sterben, stirbt, starb, ist gestorben to die
das *Sternbild, -er* stellar constellation
die *Sternschnuppe, -n* shooting star
der *Stil, -e* style
still silent
die *Stimme, -n* voice
stimmen to be correct, agree with

stimmungsvoll impressive; appealing to the emotions, full of emotion
die *Stirn, -en* forehead, brow
der *Stoff, -e* subject
strahlen to shine
die *Straßenbahn, -en* streetcar
die *Strecke, -n* distance
streifen to pull; graze
der *Streit* fight, argument
streiten, stritt, gestritten to argue; *sich —— miteinander* to argue with each other
der *Strom, ⸚e* stream
strömen to stream
der *Strumpf, ⸚e* stocking
das *Stück, -e* piece, play
der *Studienrat, ⸚e* teacher (at a German "Gymnasium")
stundenlang for hours
der *Sturm, ⸚e* storm
stürzen to fall, topple
die *Suche* search; *auf die —— nach etwas gehen* to go look for something
summen to hum

T

die *Tablette, -n* pill, tablet
der *Tanz, ⸚e* dance
der *Tänzer, -* dancer
die *Tasche, -n* pocket
das *Taschentuch, ⸚er* handkerchief
tätig active
die *Technik, -en* technology
der *Techniker, -* technologist, technician
der *Teller, -* plate
das *Thema, -en* theme
die *Theateraufführung, -en* theater performance
der *Theatersaal, -säle* theater auditorium
das *Theaterstück, -e* play
die *Tinte, -n* ink
tippen to type; tap
der *Titel, -* title
der *Tod* death
das *Tor, -e* gate
tot dead
die *Totenstille* dead silence
tragen, trägt, trug, getragen to carry; wear
der *Trauerfall, ⸚e* death; mourning
der *Traum, ⸚e* dream
träumen to dream
traurig sad
treffen, trifft, traf, getroffen to meet
treten, tritt, trat, ist getreten to step
der *Trottel, -* idiot

U

überbringen, überbrachte, überbracht to deliver
überempfindlich hypersensitive
überhaupt at all
überlassen, überläßt, überließ, überlassen to relinquish
übernehmen, übernimmt, übernahm, übernommen to take over
überraschen to surprise
überreden to convince, persuade
übertreiben, übertrieb, übertrieben to exaggerate
umarmen to embrace
sich *umbringen, -brachte, -gebracht* to kill onseslf
die *Umklammerung, -en* entrapment
um·stellen auf (+ acc.) to change to
unfähig incapable, unable
unmittelbar immediate, direct
unmöglich impossible
unsichtbar invisible
unterbrechen, unterbricht, unterbrach, unterbrochen to interrupt
unter·gehen, -ging, ist -gegangen to go down; set
die *Untergrundbahn, -en* subway
sich *unterhalten, unterhält, unterhielt,*

unterhalten to talk; entertain oneself
das *Unternehmen, -* undertaking, enterprise
sich *unterscheiden, unterschied, unterschieden* to differ from
unterstützen to support
unvermutet unexpectedly
unverschämt impertinent, unashamed
ursprünglich original

V

der *Vati, -s* daddy
verändern to change
verbessern to improve, correct
verbieten, verbot, verboten to forbid
verbinden, verband, verbunden to connect, unite
die *Verbindung, -en* connection
verbringen, verbrachte, verbracht to spend (time)
verdienen to earn
das *Verfahren, -* procedure, conduct
verfügen über (+ acc.) to make dispositions about, decide
vergangen past
vergessen, vergißt, vergaß, vergessen to forget
vergleichen, verglich, verglichen to compare
das *Verhalten, -* behavior, action
sich *verhalten, verhält, verhielt, verhalten* to act, behave
verheiratet sein to be married
das *Verkehrsmittel, -* means of transportation
der *Verkehrsunfall, ¨-e* traffic accident
sich *verkleiden* to disguise oneself
verlangen to demand, ask for
verlassen, verläßt, verließ, verlassen to leave
verlegen embarrassed
verleihen, verlieh, verliehen to lend; grant, bestow
sich *verlieben in (+ acc.)* to fall in love with
verlieren, verlor, verloren to lose
sich *verloben* to become engaged
der *Verlobte (ein Verlobter), -n* fiancé (*fem.* fiancée)
das *Verlobungsgeschenk, -e* engagement gift
vernünftig reasonable
verschieden different, various
versetzen to promote [in school], transfer
die *Versetzung, -en* promotion [to the next higher class]
versprechen, verspricht, versprach, versprochen to promise
verstecken to hide
versuchen to try, attempt
verteilen to distribute, spread
sich *vertiefen in (+ acc.)* to become absorbed in
verzichten auf (+ acc.) to decline, renounce
verzweifelt desperate
die *Verzweiflung* desperation
vielleicht perhaps
die *Volksbühne, -n* municipal theater
vorbei·tragen, -trägt, -trug, -getragen to sweep by, carry past
vor·bereiten to prepare
voreinander from each other
vorhanden existing, existent
der *Vorhang, ¨-e* curtain
der *Vormittag, -e* morning
vor·spielen to perform
sich *vor·stellen* to imagine
vorzeitig early
vor·ziehen, -zog, -gezogen to prefer

W

wachsen, wächst, wuchs, ist gewachsen to grow
die *Waffe, -n* weapon
der *Walzer, -* waltz
das *Warenhaus, ¨-er* department store

sich *waschen, wäscht, wusch, gewaschen* to wash oneself
die *Wäscherei, -en* laundry
weg·nehmen, -nimmt, -nahm, -genommen to take away
weg·werfen, -wirft, -warf, -geworfen to throw away
das *Weib, -er* woman, wife
sich *weigern* to refuse
weinen to cry
weiter further
weiter·buchen to continue to register, make entries [in bookkeeping]
der *Weltkrieg, -e* World War
werden, wird, wurde, ist geworden to become
werfen, wirft, warf, geworfen to throw
das *Werk, -e* piece of work
der *Wert, -e* value
der *Widerspruch, ¨-e* contradiction, dissent, opposition
die *Wiederholung, -en* repetition
wieso why
die *Wintersachen (pl.)* winter clothes
witzig witty
wochenlang for weeks
wohl probably
sich *wohl·fühlen* to enjoy, feel comfortable
wohnen to live
die *Wohnung, -en* apartment
der *Wolkenbruch, ¨-e* cloudburst
womöglich possibly, if possible
die *Wortbildung, -en* word formation
wortlos without speaking
wunderschön very beautiful
wünschen to desire, wish

Z

die *Zahl, -en* number
zahlen to pay
zahlreich numerous
zart soft, delicate
der *Zebrastreifen, -* crosswalk
zeichnen to draw
die *Zeichnung, -en* drawing
zeigen to show; —— *auf (+ acc.)* to point to *or* at
die *Zeitung, -en* newspaper
zerreißen, zerriß, zerrissen to tear apart
das *Zimmermädchen, -* chambermaid
das *Zitat, -e* quotation, excerpt
zitieren to quote
die *Zote, -n* dirty joke; *Zoten reißen* to tell dirty jokes
zu·decken to cover
der *Zufall, ¨-e* coincidence
zu·fallen, -fällt, -fiel, ist -gefallen to close
zufrieden contented, satisfied
der *Zug, ¨-e* trait, feature, characteristic
zu·geben, -gibt, -gab, -gegeben to admit, agree
zu·gehen, -ging, ist -gegangen to close; —— *auf (+ acc.)* to approach
zugleich at the same time
zu·klappen to close
die *Zukunft* future
zukünftig future
zuletzt last
zurück·erhalten, -erhält, -erhielt, -erhalten to get back
zurück·kehren, ist -gekehrt to return
die *Zusammenarbeit* collaboration
zusammen·fassen to summarize
sich *zusammen·finden, -fand, -gefunden* to meet
zusammen·betteln to obtain by begging
der *Zuschauer, -* spectator
zu·treffen, -trifft, -traf, -getroffen to be true
zuweilen at times
zwar to be sure
der *Zweck, -e* purpose
die *Zweier-Beziehung, -en* conjugal relationship
der *Zweifel, -* doubt; *ohne* —— without a doubt
zwingen, zwang, gezwungen to force; —— *zu (+ dat.)* to force to
der *Zwischenfall, ¨-e* incident, episode

ILLUSTRATION CREDITS

Page 2, Halftone, German Information Center; *16,* Halftone, Austrian Institute; *17,* Halftone, German Information Center; *19,* Halftone, German Information Center; *28,* Halftone, German Information Center; *31,* Halftone, German Information Center; *36,* Halftone, German Information Center; *55,* Halftone, German Information Center; *59,* Halftone, German Information Center.